MODERN HUMANITIES RESEARCH ASSOCIATION
CRITICAL TEXTS
VOLUME 65

MARMONTEL AND DEMOUSTIER, *LE MISANTHROPE CORRIGÉ*
TWO EIGHTEENTH-CENTURY SEQUELS TO
MOLIÈRE'S *LE MISANTHROPE*

MODERN HUMANITIES RESEARCH ASSOCIATION
CRITICAL TEXTS

The MHRA Critical Texts series aims to provide affordable critical editions of lesser-known literary texts that are out of copyright and are not currently in print (or are difficult to obtain). The texts are taken from the following languages: English, French, German, Italian, Portuguese, Russian, and Spanish. Titles are selected by members of the distinguished Editorial Board and edited by leading academics. The aim is to produce scholarly editions rather than teaching texts, but the potential for crossover to undergraduate reading lists is recognized.

Editorial Board

Chair: Dr Claire White (University of Cambridge)
English: Dr Stefano Evangelista (University of Oxford)
French: Dr Claire White (University of Cambridge)
Germanic: Professor Ritchie Robertson (University of Oxford)
Hispanic: Professor Ben Bollig (University of Oxford)
Italian: Professor Jane Everson (Royal Holloway, University of London)
Portuguese: Professor Stephen Parkinson (University of Oxford)
Slavonic: Professor David Gillespie (University of Bath)

texts.mhra.org.uk

Marmontel and Demoustier, *Le Misanthrope corrigé*

Two Eighteenth-Century Sequels to
Molière's *Le Misanthrope*

Edited by Joseph Harris

Modern Humanities Research Association
Critical Texts 65
2019

Published by

The Modern Humanities Research Association
Salisbury House
Station Road
Cambridge CB1 2LA
United Kingdom

© The Modern Humanities Research Association 2019

Joseph Harris has asserted his right under the Copyright, Designs and Patents Act 1988 to be identified as the author of this work. Parts of this work may be reproduced as permitted under legal provisions for fair dealing (or fair use) for the purposes of research, private study, criticism, or review, or when a relevant collective licensing agreement is in place. All other reproduction requires the written permission of the copyright holder who may be contacted at rights@mhra.org.uk.

First published 2019

ISBN 978-1-78188-753-0

CONTENTS

Acknowledgements   vii
Introduction: Alceste's afterlives   1
LE MISANTHROPE CORRIGÉ   43
ALCESTE À LA CAMPAGNE   68
Bibliography   133

ACKNOWLEDGEMENTS

The impulse behind this project emerged from my period as a Fellow of the Freiburg Institute of Advanced Studies (FRIAS), during a period of sabbatical leave generously funded by Royal Holloway, when I first stumbled across Marmontel's narrative. Since then the British Library and the Taylorian Institution, Oxford, have proved to be invaluable sources of information. I would like to offer my sincere thanks to the MHRA Critical Texts team, especially Gerard Lowe, Claire White, and Gillian Pink, for accepting this project and for their help in preparing the manuscript. Any errors are, of course, my own. This project would never have existed without the inspiration of two former teachers of mine, Nick Hammond and Gillian Jondorf, who taught me — or at the very least helped me — to love Molière. I am also indebted, as ever, to my wife Carolin and my two children, who have shown infinite patience with me in this project and more generally.

Joseph Harris
Royal Holloway, University of London

INTRODUCTION: ALCESTE'S AFTERLIVES

Despite its reputation as one of the models of seventeenth-century French 'classical' theatre, Molière's great satirical comedy *Le Misanthrope* (1666) is, in an important sense of the word, unfinished. The stock happy ending that comic convention leads us to expect is displaced onto the secondary characters Philinte and Éliante, while the titular hero Alceste, having been defeated in a legal trial against an unscrupulous opponent, smeared by rumours that he had authored a scurrilous book, and finally rejected by the woman he loves, storms offstage, resolved to spend the rest of his life far from Parisian society. The play's last lines are given to Philinte, who hopes to thwart his friend's plans; Molière does not indicate whether Philinte will be successful.

Lacking the closure of the stock happy ending for its hero, and indeed giving no indication of whether Alceste's self-imposed retreat from society will bring him the peace and contentment he craves, Molière's classic narrative is thus fundamentally unresolved. It therefore leaves open the tantalizing prospect of a sequel. Although no one seems to have been tempted to write one in Molière's own day, various writers have, over the centuries, been drawn to *Le Misanthrope*, attempting in different ways both to cash in on its critical success and to explore further — perhaps even to lay to rest — its unsettling underlying themes. The most famous of these works is doubtless Philippe-François-Nazaire Fabre d'Eglantine's Revolution-era *Le Philinte de Molière, ou la suite du Misanthrope* (1790), which attempts to recast Alceste as a noble voice of reason and justice and his erstwhile friend Philinte as a figure of aristocratic duplicity and self-interest. Far more recently, Jacques Rampal's dramatic two-hander *Célimène et le Cardinal* (1992) shows an Alceste who has become a Tartuffe-like figure of piety, while the American David Ives's *The School for Lies* (2012), a curious reworking-cum-sequel of the original play, finally exposes its own blunt hero Frank as none other than Alceste himself, in this version of the play the widow Célimène's supposedly late husband. At the start of the twentieth century, Georges Courteline's one-act comedy *La Conversion d'Alceste* (1905) had depicted Alceste struggling to overcome his curmudgeonliness in the face of various setbacks and frustrations. While all of these sequels build on Molière's original in different ways, most of them focus primarily — much like William Wycherley's early adaptation of Molière's play,

The Plain Dealer (1676) — on Alceste's problematic crusade for 'plain dealing' and justice in a world of lies and deceit.¹

This series of sequels, however, began in the second half of the eighteenth century, ninety-nine years after Molière's play first appeared, with Jean-François Marmontel's prose narrative *Le Misanthrope corrigé* (1765). This edition brings together Marmontel's tale with a later dramatic adaptation by the playwright Charles-Albert Demoustier, *Alceste à la campagne, ou le Misanthrope corrigé* (c.1790), and this Introduction aims to lay out some of the social, literary, and intellectual context of the two works. Unlike many of the sequels listed above, these two early works are less concerned with the relatively superficial questions of 'plain dealing' in polite urban society than with the deeper issue of Alceste's misanthropy. The misanthrope was a complex and profoundly ambivalent figure in the eighteenth century, a period that both intensely criticized 'civilized' social practices and yet prized sociability, affability, and humanity. And while it is surely an exaggeration to claim with Hélène Cussac that 'sans cesse, le XVIIIe siècle réécrit *Le Misanthrope*',² it is nonetheless true that the issues of society, sociability, virtue, and ridicule that Molière's play raises attained a certain urgency and importance during the Enlightenment.

Eighteenth-century Europe saw a broad change in the moral and social status of misanthropy. For centuries, the archetype of the misanthrope had been the semi-legendary Timon of Athens, most famously depicted by Shakespeare in his eponymous collaboration with Thomas Middleton (c.1605). According to legend, after being fleeced and abandoned by his friends, Timon abjured all contact with humanity and went off into the wilderness to scavenge for roots, wishing ill will on humanity in general and in particular on anyone who crossed his path. With its taste for sensibility, however, the eighteenth century increasingly distanced itself from Timon's savage hatred, developing instead what Thomas R. Preston has called a sense of 'benevolent misanthropy', understood as 'the psychological state of disappointment and frustration arising in a man of feeling attempting to exercise his benevolence in an unfeeling world'.³ This new attitude towards misanthropy invariably coloured critical readings of *Le Misanthrope*, and many writers — most famously Jean-Jacques Rousseau — would attempt to salvage Alceste as a figure of misunderstood virtue. As Susan Maslan puts it, 'eighteenth-century writers and critics were

---

¹ A number of plays that continue, adapt, or rework *Le Misanthrope* can be found in the Bibliography.
² 'La retraite: Marmontel entre Pascal, Rousseau et Mercier', in *Jean-François Marmontel: un intellectuel exemplaire au siècle des Lumières*, ed. by Jacques Wagner (Tulle: Mille Sources, 2003), pp. 195–214 (p. 195).
³ See *Not in Timon's Manner: Feeling, Misanthropy, and Satire in Eighteenth-Century England* (Tuscaloosa: University of Alabama Press, 1975), p. 3.

sympathetic to Alceste's struggle for transparency'[4] even as they recognized that his bouts of virtuous indignation were excessive and comic. The Enlightenment thus became increasingly keen to rehabilitate and revalorize misanthropy as a particular inflection of an essentially virtuous impulse — misguided perhaps, but no less worthy of respect — and this new understanding of misanthropy underpins the depiction of misanthropes in eighteenth-century fictional and dramatic plots. Whereas Shakespeare's Timon and Molière's Alceste are incorrigible and eventually flee society, eighteenth-century fictional misanthropes are increasingly rehabilitated and reconciled to humanity. For example, in Louis-François Delisle de La Drevetière's *Timon le misanthrope* (1732) — perhaps the first major work of the 'misanthrope corrected' tradition — even the archetypally savage Timon is eventually brought back into the social fold, in part through his love for the maiden Eucharis.

Marmontel *contra* Rousseau: the *Apologie du théâtre*

The eighteenth century's ambivalence towards misanthropy is perhaps illustrated most clearly in Rousseau's critical account of Molière's play in his anti-theatrical treatise known as the *Lettre à d'Alembert sur les spectacles* (1758). By the late 1750s, Rousseau's somewhat antisocial demeanour and his highly critical writings on the dangers of civilization had earned him a reputation as something of a misanthrope. Because of his own strangely identificatory relationship with Alceste, Rousseau's analysis of Molière's comedy and its hero is rich, complex, and fascinating, but I shall outline only those elements of his critique that are most relevant here.[5] In a way somehow typical of its author, Rousseau's analysis of *Le Misanthrope* in the *Lettre à d'Alembert* managed to be both deeply personal (idiosyncratic, even) and yet highly influential. It struck a chord with many playwrights, audiences, and thinkers — including on some level even Marmontel, despite the enmity that would swiftly arise between the two men. One of Rousseau's primary goals in his account of the play is to

---

[4] *Revolutionary Acts: Theater, Democracy, and the French Revolution* (Baltimore, MA: Johns Hopkins University Press, 2005), p. 93.
[5] For more information on Rousseau's engagement with *Le Misanthrope* and its hero, see my 'Misanthropic Identifications: Rousseau Reads *Le Misanthrope*', in *Renouveau et renouvellement moliéresques: reprises contemporaines/Molière Re-Envisioned: Twenty-First Century Retakes* (Paris: Hermann, 2019), pp. 527–54; Marc Escola, 'Rousseau juge d'Alceste: généalogie d'un malentendu', in *Le Malentendu*, ed. by Bruno Clément and Marc Escola (Vincennes: Presses Universitaires de Vincennes, 2003), pp. 147–78; Marco Menin, 'An Enlightenment Misanthropology: Rousseau and Marmontel, Readers of Molière', *Eighteenth Century*, 58.2 (Summer 2017), 157–76; Brigitte Weltman-Aron, '*Le Misanthrope* mis en tropes: Molière, Marmontel et Rousseau', *L'Esprit Créateur*, 36.1 (Spring 1996), 82–92; Paul Woodruff, 'Rousseau, Molière, and the Ethics of Laughter', *Philosophy and Literature*, 1.3 (Fall 1977), 325–36.

exculpate Alceste from accusations of misanthropy. According to Rousseau's reading, Alceste is at heart 'un homme droit, sincère, estimable, un véritable homme de bien',[6] but Molière has unfairly distorted and misrepresented him in order to make his audiences laugh. Molière's main mistake, claims Rousseau, was to choose Alceste as the main object of the play's mockery, and to give him undignified bouts of anger over personal matters that he should be stoical enough to tolerate. By drawing our laughter towards the gruffly virtuous Alceste, reasons Rousseau, Molière is effectively leading us to mock virtue itself. At one point in his analysis Rousseau boldly proposes 'correcting' Molière's original play so as to bring out the hero's true virtue. In Rousseau's imagined rewriting — which would later inspire Fabre's comedy *Le Philinte de Molière* — it is Alceste's hypocritically affable friend Philinte who becomes the target of the play's mockery and censure. Indeed, it is Philinte whom Rousseau regards as the true misanthrope in Molière's play: 'car au fond, je ne connois point de plus grand ennemi des hommes que l'ami de tout le monde, qui, toujours charmé de tout, encourage incessamment les méchants, et flatte par sa coupable complaisance les vices d'où naissent tous les désordres de la Société' (*Lettre*, p. 35). Rousseau sides with Alceste against the complicit indulgence or *complaisance* that the rest of society fosters towards vice. If Rousseau aligns himself with Alceste, then he also draws an implicit parallel between the indulgent Philinte and his creator Molière, chiding both as pandering to society's corrupt values rather than taking a true moral stand.

Rousseau's *Lettre* provoked a host of replies and refutations, not least from his initial addressee, Jean Le Rond d'Alembert.[7] One of the richest critiques, of his account of *Le Misanthrope* in particular, however, was penned by the first of our two authors in this volume, Jean-François Marmontel (1723–1799). At the time Marmontel was well known as a literary theoretician, having founded a short-lived journal, *L'Observateur littéraire*, in 1746, provided many of the articles on aesthetics for Diderot and d'Alembert's *Encyclopédie*, and taken over as editor of the intellectual periodical the *Mercure de France* in August 1758. Marmontel had also worked as a translator and been a moderately successful tragic playwright; he would also be elected to the Académie française in 1763.

---

[6] *Lettre à d'Alembert sur les spectacles*, in *Œuvres complètes*, ed. by Bernard Gagnebin and others, 5 vols (Paris: Gallimard, 1959–95), v, 1–25 (p. 34).

[7] See, among other texts, Jean Le Rond d'Alembert, *Lettre de M. d'Alembert à M. J. J. Rousseau, sur l'article Genève* [...] (Paris: Chatelain, 1759); Auguste-Louis, marquis de Ximénès, *Lettre à M. Rousseau sur l'effet moral des théâtres* (Paris: [n. pub.], 1758); P. A. Laval, *P. A. Laval comédien, à M. J. J. Rousseau, citoyen de Genève: sur les raisons qu'il expose pour refuter M. d'Alembert* [...] (The Hague: [n. pub.], 1758); Louis Heurteaux *dit* Dancourt, *L.-H. Dancourt, Arlequin de Berlin, à M. J. J. Rousseau, citoyen de Geneve* (Berlin and Amsterdam: [n. pub.], 1759). Is it mere coincidence that Marmontel's tale gives Alceste's main, eminently *honnête* interlocutor Laval the surname of one of Rousseau's adversaries in this debate?

Rousseau's anti-theatrical treatise led to a bitter enmity between the two men. In late 1758, Rousseau sent the *Mercure*'s new editor a copy of the *Lettre* but, not wanting to see it published or discussed in the journal, insisted that he was sending it to 'M. Marmontel' rather than to 'l'auteur du *Mercure*'.[8] For whatever reason, Marmontel took offence at this gesture, and soon became — in Rousseau's words — his most 'irréconciliable ennemi' (*Les Confessions*, p. 502), taking issue with the *Lettre* in four successive issues of his journal and also presenting Rousseau in a cruelly satirical light in a *conte* entitled *Le Philosophe soi-disant*.[9] Marmontel's continued scorn for Rousseau is also borne out by the snide comments he makes about him in his *Mémoires*. In 1761, Marmontel brought together his various critiques of Rousseau's *Lettre* in a lengthy rebuttal called the *Apologie du théâtre*, which he first published at the end of the second volume of his *Contes moraux*.[10]

The enmity that developed between the two men should not, however, make us overstate the differences between their readings of *Le Misanthrope*. When it comes down to practicalities, in fact, Marmontel and Rousseau are often in broad agreement in their reading of Molière's play; the problem for Marmontel is that Rousseau repeatedly refuses to focus on these key practical issues. Indeed, Marmontel's primary charge against Rousseau is that his conception of the misanthrope — and indeed of vice and virtue more generally — is far too 'metaphysical' and abstract to have any worth in the real world. Rousseau, for example, repeatedly accuses Molière of misrepresenting what he regards as Alceste's 'true' nature in order to 'faire rire le parterre' (*Lettre*, p. 38). Marmontel, however, replies that the ideal misanthrope that Rousseau imagines is merely a metaphysical abstraction, and that Molière, in contrast, was painting after nature:

> Le Misanthrope, que rien de personnel ne touche, et qui se passionne sur tout ce qui lui est étranger, est donc, selon moi, un être fantastique; et Molière, pour rendre le sien d'après nature, a dû le peindre comme il a fait. (*Apologie*, p. 244)

As Marmontel suggests, Rousseau is free to invent his own definitions of the misanthrope, but since Molière 'n'a pas voulu peindre un personnage idéal' (*Apologie*, p. 242), it is scarcely the playwright's fault if his creation does not

---

[8] Rousseau, *Les Confessions*, in *Œuvres complètes*, I, 1–656 (p. 502).
[9] See Katherine Astbury, 'Marmontel, éditeur du *Mercure*, et ses contes moraux', in *Marmontel: une rhétorique de l'apaisement*, ed. by Jacques Wagner (Louvain and Dudley, MA: Peeters, 2003), pp. 165–74 (pp. 170–71), and 'Les philosophes et la Révolution française dans les contes moraux de Marmontel', in *Le Philosophe romanesque: l'image du philosophe dans le roman des Lumières*, ed. by Florence Lotterie and Pierre Hartmann (Strasbourg: Presses Universitaires de Strasbourg, 2007), pp. 243–51.
[10] *Apologie du théâtre*, in *Contes moraux, par M. Marmontel, suivis d'une Apologie du théâtre*, 2 vols (Paris: Lesclapart le jeune, 1761), II, 171–316.

match up to Rousseau's ideal. In effect, Marmontel here plays Aristotle to Rousseau's Plato, trying to bring his abstract metaphysical speculations down to earth. Yet in so doing, Marmontel also plays Philinte to Rousseau's Alceste; he becomes the spokesperson for a society in which some moral compromise is inevitable and even necessary. Just as Molière was observing from real life, claims Marmontel, he was writing for a real-life audience and knew that it was not worth his while offering 'des leçons d'une morale outrée, qu'il ne seroit ni possible ni honnête de pratiquer dans le Monde' (*Apologie*, p. 247). As Marmontel suggests, Rousseau's — and indeed Alceste's — high-minded and extreme moral absolutes are out of place in the real world. For Marmontel, Molière is ultimately holding up for mockery Alceste's excessively dogged and uncompromising commitment to virtue. In contrast, as Susan Maslan puts it, 'the very notion that probity could ever be excessive must have seemed criminal to Rousseau; certainly the idea is wholly foreign to his sensibility'.[11]

Once we move towards the realities of Alceste's character, however, we find Rousseau and Marmontel in far closer agreement. Both men recognize a fundamental ambivalence at the heart of Alceste; they agree, too, that audiences are aware of this ambivalence and respond appropriately. According to Rousseau, audiences can acknowledge the truth of Alceste's underlying virtue despite all Molière's mocking exaggerations: 'quoiqu'Alceste ait des défauts réels dont on n'a pas tort de rire, on sent pourtant au fond du cœur un respect pour lui dont on ne peut se défendre' (*Lettre*, p. 35). While Marmontel broadly agrees that Molière deliberately made Alceste ridiculous, he is rather more sympathetic to his reasons for doing so. If Molière had hoped to attack all society's vices through one character, Marmontel explains, he could only have done so through someone like Alceste. For Marmontel, the role that Rousseau imagines for both himself and Alceste — that of a harsh, high-minded censor of humanity, 'un homme vertueux, plus sévère et plus véhément, sans aucun travers, sans aucune faiblesse' — would quite simply have repelled audiences (*Apologie*, p. 234). Conversely, the idealized figure of the wise but understated 'sage accompli' would be too 'indulgent et modéré' to have any dramatic appeal (*Apologie*, p. 233). Consequently, Marmontel reasons, Molière was quite right to create a character who aspires to be the former but who falls short. For Marmontel, Alceste's flaws — and especially his repeated bursts of indignant anger — console our 'vanité humiliée', as we are relieved to see his fallibility. Yet Marmontel insists that our laughter at Alceste's flaws does not compromise the play's underlying moral lesson; we laugh at his excesses, but without — contrary to Rousseau's claims — thereby scornfully mocking the virtue that underlies them. For Marmontel, the duality of Alceste's nature operates morally on the spectator in two parallel but complementary ways: Molière sought to 'se

---

[11] *Revolutionary Acts*, p. 92.

servir de sa vertu comme d'un exemple, et de son humeur comme d'un fléau. Voilà le vrai, tout le monde le sent' (*Apologie*, p. 239). For Marmontel, unlike for Rousseau, audiences are perfectly capable of accommodating Alceste's moral ambivalence; we can laugh at Alceste's indignation without therefore feeling scorn for him or for his virtue. Our ability to discern vice from virtue even when they occur together also makes us rather more sophisticated than Alceste himself, since a real-life misanthrope, claims Marmontel, conflates both 'le vice et le vicieux' and envelops both in his hatred (*Apologie*, p. 244).

Alceste's own moral psychology is another bone of contention between the two writers. In keeping with his absolute, 'metaphysical' conception of misanthropy, Rousseau understands Alceste's love of justice as essentially impersonal and disinterested. Bringing Rousseau's (and Alceste's) abstract moral ideas down to earth, Marmontel argues that vice and virtue have no real meaning except in terms of the humans who are their victims or beneficiaries:

> Comment est-il [Alceste] donc si touché des désordres d'un monde où il n'aime rien? Il hait le vice, il aime la vertu; mais le vice et la vertu ne sont rien de réel, que relativement aux hommes. Que lui importe la guerre des vautours, si la Société n'a plus de colombes? (*Apologie*, pp. 243–44)

Whereas Rousseau's misanthrope, operating on a level of impersonal abstractions, is offended by the sheer existence of vice in the world rather than moved by the plight of its victims, Marmontel unearths a substratum of compassion, and even of love, for humanity from Alceste's very indignation. This idea, as we shall see, will be picked up again in *Le Misanthrope corrigé*.

One final aspect of Alceste's nature is worth mentioning. Whereas Rousseau had claimed that Alceste's indignant outbursts at wrongs done to him were artificially grafted on to his character for cheap laughs, Marmontel reads these as signs that Alceste is still a character in process. If Alceste is persuaded that there are still some 'gens de bien dans le monde', reasons Marmontel, it is natural that he will count his judges, friends, and beloved in this small group. Accordingly, once 'l'iniquité, la perfidie, la trahison qu'il en éprouve, le tirent de cette douce erreur, il doit en être d'autant plus affecté, que ces coups rompent les derniers liens qui l'attachaient à ses semblables' (*Apologie*, p. 244). As Marmontel reasons, the fact that Alceste can still be aggrieved and angered by his various betrayals and disappointments implies that he is not yet a fully-fledged misanthrope. Rather, the play shows us events increasingly disabusing him of his 'douce erreur' in trusting others (*Apologie*, p. 244). Marmontel suggests, in short, that Alceste is not some abstract 'metaphysical' being, but rather a nascent misanthrope. By figuring Alceste as a character under construction, Marmontel thus paves the way for his reconstruction. As we shall see, Marmontel (like Demoustier after him) offers a different type of 'correction' from what Rousseau had proposed. Rousseau had proposed 'corrigeant'

Molière's play in order to remove those elements of Alceste's character that he deemed problematic; this is, to some extent, what Fabre d'Églantine would do in his sequel to *Le Misanthrope*. Marmontel, in contrast, offers a sequel in which Alceste himself is 'corrected' and brought back to a certain love of humanity.

Marmontel: *Le Misanthrope corrigé*

As mentioned earlier, the *Apologie du théâtre* was first published, somewhat incongruously, at the end of the second volume of Marmontel's *Contes moraux* in 1761. Four years later, an expanded version of the *Contes moraux* would appear, this time replacing the *Apologie* with a new tale on a related theme: *Le Misanthrope corrigé*. In his preface to the new edition, Marmontel presents his tale as a continuation, in a different mode, of his reflections on Alceste's temperament and beliefs in the *Apologie*:

> En écrivant sur la Comédie du Misanthrope, j'avançai il y a quelque temps, que Moliere, dans le personnage de Philinte, avoit prétendu opposer à Alceste un homme du monde, et non pas un sage. Il m'est venu depuis dans la pensée d'essayer comment le Misanthrope auroit soutenu le contraste d'un homme vraiment vertueux. C'est ce foible essai que je donne sous le titre du *Misanthrope corrigé*.[12]

Marmontel's formulations here are revealing. With the use of the words 'essai' and 'essayer', he presents his tale as a thought-experiment that tests how Molière's Alceste would have responded under different circumstances.

Perhaps dissatisfied with his own attempts to confront Rousseau on theoretical or philosophical grounds, Marmontel thus chooses to pursue the debate in a generic mode with which he feels more comfortable, that of the *conte moral*. Marmontel's name has since become indelibly linked to this genre; in the words of one critic, 'le conte moral appartient à Marmontel comme la fable à La Fontaine ou le conte philosophique à Voltaire'.[13] Marmontel started writing these tales in 1755, having been asked by his friend Louis de Boissy for 'quelques morceaux de prose' to contribute to the *Mercure de France*.[14] Starting out as comic vignettes aimed to reflect the 'ridiculous pretensions' and 'follies' of the age, Marmontel's *contes* soon achieved considerable popular and critical success. Within a few years, numerous tales had been translated into various European languages (including Italian, English, and German), and many had been adapted for the stage in France and beyond.

---

[12] *Contes moraux, par M. Marmontel de l'Académie française*, 3 vols (Paris: La Harpe, 1765), I, p. x.
[13] Jean Sgard, 'Marmontel et la forme du conte moral', in *De l'Encyclopédie à la Contre-Révolution. Jean-François Marmontel (1723-1799)*, ed. by Jean Ehrard (Clermont-Ferrand: de Bussac, 1970), pp. 229-37 (p. 229).
[14] Marmontel, *Contes moraux* (1765), I, p. ii.

INTRODUCTION

We should not be unduly misled by the generic title 'conte moral', which Marmontel first applied collectively to his tales in the collected published edition of 1761. Even at the time, the term 'conte moral' did not necessarily imply dusty moral didacticism; it had previously been used by, among other writers, Crébillon *fils* of his own libertine tale *Le Sopha* (1740). Nonetheless, morality was one of Marmontel's avowed concerns in these works; as he explains in his 1765 preface, his overriding purpose in the tales was to 'rendre la vertu aimable'.[15] The *contes* cover a range of topics, a recurrent theme being the responsibilities of those in positions of power (men, fathers, and so forth) to care for their subordinates and to be tolerant of flaws that are not fully the latter's fault. The tales may well, as Michael Cardy puts it, 'appear to the modern reader to have faults: a didactic and moralizing tone, characters drawn in black and white without nuances, a simplistic view of life shorn of all complexity, of any sense of the particularity of human dilemmas'.[16] However, as Cardy persuasively argues, by shearing away complexity and superfluity from each tale, Marmontel is able to focus on one single issue 'in a style that was both spare and concentrated', thus prompting comparison with the 'classical' norms of the previous century (*Literary Doctrines*, p. 141).

One of the general stylistic characteristics of Marmontel's tales is particularly worth noting in relation to *Le Misanthrope corrigé*. In his preface to the collection, Marmontel congratulates himself on a narrative strategy that he deemed his own invention: to 'supprimer les *dit-il* et les *dit-elle*, du dialogue vif et pressé'.[17] Rather than painstakingly naming each speaker in turn each time someone else starts talking, Marmontel typically runs his dialogue together using dashes to indicate a change of speaker. This technique thus brings the characters and their conversations into the foreground in an even more direct and quasi-dramatic way than, say, Diderot, who typically lays out his dialogues like a play-script, indicating each speaker's name with each new speech.[18] By using this technique, Marmontel tries to give the impression that events in his tales take place independently of him as writer, and that he is at best the scribe: 'Quand je fais parler mes personnages, tout l'art que j'y emploie est d'être présent à leur entretien, et d'écrire ce que je crois entendre'. He acknowledges that this is hard to read at first, but speaks with satisfaction of his attempt: 'J'en ai fait l'essai dans ces Contes; et il me semble qu'il a réussi'.[19] In *Le Misanthrope corrigé*, this stylistic experiment (*essai*) thus combines with the thought-experiment mentioned earlier: Marmontel exposes Alceste to a truly virtuous man, and then, in an almost scientific manner, retreats to observe what unfolds

---

[15] *Contes moraux* (1765), I, p. xi.
[16] *The Literary Doctrines of Jean-François Marmontel*, SVEC 210 (1982), p. 141.
[17] *Contes moraux* (1765), I, xii.
[18] See Cardy, *Literary Doctrines*, p. 143.
[19] *Contes moraux* (1765), I, p. xii.

with little further intervention.

In practice, however, Marmontel's narrative persona is not always as self-effacing as he here implies, especially in the opening pages. At times, for instance, he takes on Alceste's own perspective in a gentle form of free indirect speech — such as when he describes his protagonist's relief at being 'délivré du spectacle odieux du monde' (p. 43). Yet while such techniques might invite readerly identification with Alceste, at other points Marmontel establishes a distance from his character, for example by referring to Alceste not by name but with the seemingly categorical epithet 'le Misanthrope'. The tale starts, too, with a fleeting evocation of a first-person narrative persona ('je'), even if this soon gives way to a third-person observing 'on':

> On ne corrige point le naturel, me dira-t-on, et j'en conviens; mais entre mille accidents combinés qui composent un caractère, quel œil assez fin démêlera ce naturel indélébile? Et combien de vices et de travers on attribue à la nature, qu'elle ne se donna jamais? Telle est dans l'homme la haine des hommes: c'est un caractère factice, un personnage qu'on prend par humeur et qu'on garde par habitude; mais dans lequel l'âme est à la gêne, et dont elle ne demande qu'à se délivrer. Ce qui arriva au Misanthrope que nous a peint Moliere, en est un exemple; et l'on va voir comme il fut ramené. (p. 43)

Marmontel's final claim that 'l'on va voir comme il fut ramené' both situates us as passive observers of what is to unfold while letting us share his foreknowledge of the tale's conclusion.

Between nature and virtue

In what ways, and in what senses, though, is Marmontel's Alceste to be 'ramené' (or, as the title has it, 'corrigé')? For a start, we should remember that the author, like Rousseau, regards Alceste as, at heart, an essentially good person. Marmontel insists early on that Alceste's misanthropy in fact ultimately derives from his own virtue and love for others: 'Un Misanthrope qui l'est par vertu, ne croit haïr les hommes que parce qu'il les aime' (p. 44). Neither a caustic moral monster nor a ridiculous buffoon, Marmontel's Alceste is a man of principle whom humanity has disappointed. Indeed, even in the sentence quoted here, the virtuous misanthrope is shown only to 'believe' he hates others; his own claims to misanthropy are undermined from the start. In different ways, the tale's opening thus establishes misanthropy as an artificial, ultimately untenable position, and the narrative itself traces the gradual dismantling of Alceste's misanthropic stance. Despite Marmontel's suggestion in the Preface, however, Alceste's transformation is not simply a result of his meeting a 'truly virtuous man', even if the morally upright vicomte de Laval will prove to be the main guiding force in various ways. Rather, the 'correction' of Alceste's misanthropy derives from a combination of interrelated factors, including personal experience; discussion, debate, reflection, appeals to his self-interest, and identification and dis-identification with different social models.

The first stage in Alceste's rehabilitation is his move from Paris to the Vosges region. As Robert Mauzi has demonstrated, solitude and separation from society played an important symbolic role in eighteenth-century dreams of happiness and contentment: as opposed to city life, which 'réduit le Bonheur à la menue monnaie des plaisirs', life in the countryside offered many Enlightenment individuals the prospect of regaining their 'unité intérieure'.[20] The prospect of a pastoral retreat attracts several characters in Marmontel's tales, we might note, including Adélaïde in *La Bergère des Alpes* (1761) and Mélidor in *La Femme comme il y en a peu* (1765). Needless to say, these retreats to the countryside, like Alceste's, are rather more idyllic and refined in nature than what we find with Shakespeare's misanthropic Timon of Athens or Jean-François Regnard's Démocrite, who end up living off scavenged roots or onions for sustenance.

Alceste's relocation into the countryside both establishes continuity with *Le Misanthrope* — which had ended with his departure — and yet flags up the partiality of the earlier play's somewhat restricted social focus. Marmontel sets out not to debunk or deny the validity of the original play's social satire, but rather to demonstrate how aristocratic Parisian society represents only a negligibly small part of human life. Unlike in Fabre's comedy *Le Philinte*, which traces Alceste's return to Paris and features various characters from the original comedy, Alceste is here uprooted into an entirely new geographical, social, and indeed generic, context; detached from all his former acquaintances, he can make an entirely fresh start. Marmontel transposes Alceste into a peaceful, fertile agrarian environment that does not stir up his comically antisocial rages so readily; indeed, the word 'bile', so frequently associated with Alceste in Molière's play, never once features in the tale. Instead, Alceste experiences a moment of acute sensibility and 'attendrissement' on observing local peasants at work, and is quick to project some quite idealistic Rousseauist notions onto the locals: 'Ces gens-là, dit-il, sont bien heureux d'être encore à demi-sauvages: ils seraient bientôt corrompus s'ils étaient plus civilisés' (p. 44). He exclaims: 'O nature! il n'y a que toi de juste: c'est dans ton inculte simplicité qu'on trouve la saine raison' (p. 45). On the face of it at least, this pastoral community is not subject to the hypocrisies, flattery, and slander that had characterized Molière's Paris, and so the themes of frankness and honesty that had so dominated *Le Misanthrope* — and which had motivated so much of Alceste's misanthropy — are little in evidence in Marmontel's text.

As soon becomes clear, however, the idyllic nature of the location is an

---

[20] *L'Idée du bonheur dans la littérature et la pensée françaises au XVIIIe siècle* (Paris: Colin, 1967), p. 363.

effect not only of the naturally fertile landscape, but also of the enlightened governance of the local lord, the vicomte de Laval. We first learn of Laval through his philanthropical endeavours in the community. Laval has scrapped the *corvées*, the duty of vassals to work on the land and fix roads for him, and instead has set up a workshop in which the unemployed (including children, women, and the elderly) can earn money through productive endeavours and craftsmanship.[21] Echoing Rousseau's belief that indolence is both a symptom and cause of social corruption, Alceste is impressed if unsurprised that 'ce peuple soit exempt de vices et de besoins' given that 'il est laborieux et sans cesse occupé' (p. 46).

Laval will prove to be a fundamental figure in Marmontel's tale. Indeed, quite aside from being Alceste's principal interlocutor and the tale's spokesman for virtue, Laval plays a key symbolic role. Above all, he is repeatedly presented as an enlightened father figure, not only towards his daughter Ursule, but also towards the villagers in his charge, and later towards Alceste himself. In this respect Laval has a function that is essentially absent from Molière's original play. In the dog-eat-dog courtly world of *Le Misanthrope*, there are — atypically of Molière's most famous plays — no father figures; even the king appears more as a hollow offstage presence than as a benign paternal force. Marmontel, however, reinstates the paternal principle. Indeed, despite some brief gestures in a proto-feminist direction and some glimpses of sympathy for women's situation, the world Marmontel depicts remains a benevolent patriarchy, in which the father figure and his various subjects must each strive to be worthy of each other. At times, indeed, Laval's enlightened, solicitous paternal role is taken to quasi-divine extremes, for example when he is referred to by one of his vassals as 'Notre bon Seigneur, notre père à tous' (p. 46). When speaking to his vassals, too, Laval's own language can sound almost biblical: 'Travaillez, cultivez vos biens, faites-les valoir au centuple; que la terre vous enrichisse; vous n'en serez pas plus chargés: je vous en réponds, moi qui suis votre père' (p. 50).

Yet Laval also reveals a somewhat light-hearted and playful side at times, especially in a brief episode involving another misanthropic figure, an old soldier called the Baron de Blonzac. Laval invites Alceste to dinner along with Blonzac, 'soit pour s'amuser, soit pour corriger deux Misanthropes l'un par l'autre' (p. 53). The episode is presented as quite a theatrical scene, stage-managed by Laval. Alceste is quick to see in Blonzac a man after his own heart, not least when the latter announces that 'j'ai pris le monde en aversion' (p. 53). As soon becomes apparent, however, Blonzac's misanthropy is founded only on frustrated ambition. When he learns that he has been appointed commander of

---

[21] As Mauzi points out, many works of this period present a diptych of, on the one hand, the philanthropy 'du chatelain ou du citadin devenu campagnard', and on the other, 'l'*innocence* fondamentale des paysans' (*L'Idée du bonheur*, pp. 364–65).

a citadel, Blonzac is immediately, and fully, reconciled to society, announcing that 'je n'ai point de rancune, et je reviens comme un enfant' (p. 54). Although Blonzac does not realize that he has been given this post because of Laval's behind-the-scenes machinations, his throwaway allusion to being 'comme un enfant' re-establishes Laval's role as paternalistic benefactor.

It is also to Laval that Marmontel gives the tale's closing words:

> Voilà une bonne soirée; et j'augure bien d'un mariage qui se conclut comme au bon vieux temps. Crois-moi, mon ami, poursuivit-il, sois homme, et vis avec les hommes. C'est l'intention de la nature. Elle nous a donné des défauts à tous, afin qu'aucun ne soit dispensé d'être indulgent pour les défauts des autres. (p. 54)

The narrator's readiness to let Laval have the final word subtly suggests that the two men are benevolently in league with each other, while Laval's closing sentences here establish further links with both nature and the solid traditional values of the past. As Laval implies, nature and society are not at odds with one another, but can be reconciled. Indeed, nature itself — that transhistorical guarantor of values — bids Alceste to remain part of society. The tale ends with the restoration of a patriarchal order in which the newly rehabilitated Alceste is prepared to take on, in time, Laval's paternal role towards his beloved Ursule as a 'second père' (p. 66).

Misanthropy dismantled

Yet it is not only through respect for Laval's virtuous paternalism that Alceste gradually comes to shake off his misanthropy; in his various discussions with Alceste, the former also proves to be an articulate and compassionate defender of society in ways that Molière's Philinte had not been. In *Le Misanthrope*, no one — least of all the socialite Philinte — had truly challenged Alceste's critical assessment of society; indeed, Philinte had gone still further than Alceste, arguing that people are little more than animals in their vice. Throughout *Le Misanthrope corrigé*, however, Alceste's declared hatred for people comes under attack from various angles. While Molière had certainly gestured towards the self-interest underlying Alceste's professed hatred of humanity, and had drawn humour out of his character's incapacity to live up to his austere moral principles in practice, he had not really attempted to question the empirical validity of Alceste's assessment of society in the rigorous manner that Marmontel does.

Throughout the tale, Marmontel compels his protagonist to confront the limitations — both moral and epistemological — of his own misanthropy. What skews Alceste's judgement of individuals, Marmontel implies, is a sort of category error. He had argued — against Rousseau — that Alceste does not simply hate vice in an abstract, laudable way, but rather uncritically envelops in his hatred both 'le vice et le vicieux' (*Apologie*, p. 244). The Alceste of *Le Misanthrope corrigé* certainly shows this tendency to let his general hatred of vice colour his attitude towards individuals. As Laval points out, however, Alceste's hatred of vice also derives from a mistaken tendency to extrapolate a whole theory of humanity from his own very limited experience: 'Quoi! parce qu'il y a des fripons parmi les hommes, en sommes-nous pour cela moins honnêtes gens vous et moi? Dans l'individu qui vous nuit vous haïssez l'espèce!' (p. 52). This tendency becomes most apparent when, towards the end, Laval challenges Alceste to list as many individuals as he can who genuinely deserve his hatred; despite first insisting that he could name a thousand such individuals, when pressed for specific reasons for hating each, Alceste changes direction, now claiming that 'ce n'est pas sur des faits articulés que je les juge, mais sur la masse de leurs mœurs' (p. 63). Unlike Rousseau's ideal misanthrope, who is enlightened and discerning enough to hate the sin while loving the sinner, Marmontel's Alceste lets his hatred of vice spill over into a hatred of all those who are tainted with it as well. Yet even this general hatred might not be as sincere as Alceste believes. Indeed, Marmontel elsewhere recycles another argument from the *Apologie* in order to discern a certain undercurrent of compassion and humanity from Alceste's very hatred of vice. Since, as Ursule reasons, vice and virtue only make sense relative to those people they harm or benefit, any moral stance must therefore be founded on a prior love for humanity: 'Haïr le vice, aimer la vertu, ce n'est donc que s'intéresser aux hommes, et pour s'y intéresser il faut les aimer. Comment pouvez-vous à la fois vous y intéresser et les haïr?' (p. 55).

Even on the abstract level of vice and virtue rather than of the individuals who incarnate them, Alceste's misanthropy is shown to be limited. Laval does not blithely deny that there is wickedness in society; neither, though, does he claim, as Philinte had done, that vice is so ingrained in human nature that nothing can be done about it. Instead, he attempts to persuade Alceste that vice is by no means as prevalent as he believes: 'Vous vous faites une hydre [...] de ce que vous avez vu de vicieux et de méchant dans le monde' (p. 63). As he puts it, 'il y a des vices et des vertus, du bien et du mal, je l'avoue; mais la nature est ainsi mêlée: il faut savoir s'en accommoder' (p. 48). When Alceste replies that 'dans ce mélange le bien est si peu de chose, et le mal domine à tel point, que celui-ci étouffe l'autre' (p. 48), Laval reasons that vice only appears more prevalent than virtue because virtue does not draw attention to itself. According to Laval, the world tends to magnify the presence of vice, giving the impression that it is far more prevalent than it actually is. As he explains, people tend to be more outspoken in condemning vice than they are in praising virtue:

> L'estime et l'amitié sont communément modérées dans leurs éloges: elles imitent la modestie des gens de bien en les louant; au lieu que le

ressentiment et l'injure exagèrent tout à l'excès. Ainsi l'on n'entrevoit le bien que par un milieu qui le diminue, et l'on voit le mal à travers une vapeur qui le grossit. (p. 48)

Although Laval's insistence that true esteem is generally moderate in its praise sits rather uneasily with the falsely fulsome professions of respect that Oronte and others had demonstrated in Molière's play, his claims about criticisms of others' flaws are certainly borne out by what we have seen in Célimène's circle. If people took as much care to flag up examples of good behaviour, Laval asks Alceste, 'doutez-vous que le bien n'emportât la balance?' (p. 48). As Laval explains, tales of injustice spread so much more quickly and widely than those of virtue that it is unsurprising if one's general impression of humanity is negative. Ursule shortly applies the same logic, more specifically, to women. As she explains, since women's duties are consigned to the domestic sphere, 'leurs vertus n'ont rien de saillant; il n'y a que leurs vices qui éclatent; et la folie d'une seule fait plus de bruit que la sagesse de mille autres' (p. 56). It is not right to judge someone on the basis of a single mistake, be this a moment of weakness from a woman or, as Laval argues elsewhere, a lapse of judgement from a judge. As Laval and Ursule suggest, those who make vice public knowledge without also praising virtue are thereby complicit in fostering an overall impression that wickedness is predominant. Although Laval does not directly mention Alceste himself here, he seems implicitly to point the finger of accusation at his interlocutor. If Molière's Alceste had argued that flatterers are complicit in those vices they leave unchallenged, Laval suggests that those who vocally condemn people's wrongdoings without acknowledging the virtue of others are no less to blame.

Laval also challenges the supposed universality of Alceste's hatred of vice. As we recall, Rousseau had understood Alceste as fundamentally impersonal and disinterested in his deep love of justice. Marmontel's Alceste certainly tries to see himself in much the same light; he insists, for example, that 'tout ce qui intéresse l'humanité [...] touche de près un homme vertueux', and that truly virtuous people hate evil for its own sake, 'sans aucun rapport à eux-mêmes' (pp. 54–55). Marmontel, however, subjects this Rousseauist ideal to some critique. Blonzac, for example, dismisses Alceste's abstract and categorical claims as idealistic and ill-suited to the real world, remarking that he for one has never seen any of his countrymen show any care for events taking place on the other side of the world, in China. In a formulation that echoes La Rochefoucauld, Blonzac debunks Alceste's supposedly impersonal, general love of justice as masking a fundamental selfishness: 'tant qu'on ne s'affligera que du mal dont on se ressent, ou dont on peut se ressentir, je croirai qu'on pense à soi-même, en ayant l'air de s'occuper des autres' (p. 55).[22]

---

[22] La Rochefoucauld expresses a similar sentiment: 'La pitié est souvent un sentiment de

As the tale progresses, indeed, Alceste's own position of virtuous judgement of others is progressively shown to be highly fallible and ultimately indefensible. Laval takes issue with Alceste's self-appointed right to pass judgement over others, arguing that 'peu de gens ont le droit de faire la police du monde' — a claim to which Alceste predictably replies that 'tous les honnêtes gens ont ce droit-là' (p. 53). Near the end of the tale, Laval returns to this point, asking Alceste to consider whether he would be happy to be treated with the same rigour as he treats everyone else. As Laval points out, no one can simply play the role of judge, since we are all also simultaneously defendants against other people's judgements: 'en fait de mœurs, la censure publique est un tribunal où nous siégeons tous, mais où nous sommes tous cités' (p. 64). Belonging to society, as Alceste comes to recognize, means acknowledging one's place as both subject and object of judgements, so showing clemency and tolerance to others can be the best practice.

Misanthropic humours

In different ways, then, Laval, Ursule, and even Blonzac expose the theoretical and practical limitations of Alceste's misanthropy. They reveal that he harbours an affection for humanity that does not fit his self-image; they demonstrate that vice is not as prevalent as it first appears; and they remind him that he is subject to others' moral judgements in turn. Yet the progressive dismantling of Alceste's misanthropy is not conducted solely through reasoned discussion and appeals to his intellect. As Laval himself tells Alceste, 'Je ne combats que vos opinions, et c'est peut-être à vos sentiments qu'il est besoin d'apporter remède' (p. 64). Right from the start of the tale, as we have seen, Marmontel stresses the emotional dimension to misanthropy, and to Alceste's misanthropy in particular. Far from being the dispassionate, objective assessment of human failings that Alceste likes to imagine, misanthropy is shown to be underpinned by emotion. This emotional basis becomes apparent in the very first exchange with Laval, when Alceste praises his host for having fled society and is unsettled by the latter's response:

> — Moi, Monsieur! je ne fuis point les hommes. Je n'ai ni la faiblesse de les craindre, ni l'orgueil de les mépriser, ni le malheur de les haïr. Cette réponse tombait si juste, qu'Alceste en fut déconcerté. (p. 47)

Alceste is invited to reconsider his own taste for solitude as a flaw on his part

---

nos propres maux dans les maux d'autrui. C'est une habile prévoyance des malheurs où nous pouvons tomber; nous donnons du secours aux autres pour les engager à nous en donner en de semblables occasions; et ces services que nous leur rendons sont à proprement parler des biens que nous nous faisons à nous-mêmes par avance'. *Réflexions diverses et maximes morales*, ed. by Jacques Truchet (Paris: Garnier-Flammarion, 1977), p. 69 (maxime 264).

rather than a reasoned response to others' vices; whichever explanation he adopts, the misanthrope is shown to be dominated by some negative passion. As Laval illustrates, Alceste's professed hatred of humanity in fact proves to be rationally untenable, and indeed, more often than not, an expression of his overriding 'humeur'. The notion of Alceste's 'humeur' — that is, of his humoral disposition — had been a concern for Molière as well, of course. According to ancient humoral theory, temperament is determined by the interplay of four humours: blood, phlegm, black bile (or 'melancholy'), and yellow bile (or 'atrabile'). An imbalance of these humours could affect one's personality; for example, Alceste's 'bilious' or 'choleric' irascibility in Molière's play testifies to the excess of yellow bile in his humoral makeup, while his 'melancholic' sullenness and desire for solitude reflect similarly excessive levels of black bile. Explicitly subtitled 'l'atrabilaire amoureux', Molière's *Le Misanthrope* sporadically alludes to both humours; as Alceste points out, the sight of human interaction both produces 'bile' (that is, yellow bile) in him and plunges him into an unpleasant 'humeur noire'.[23] Especially as we move into the eighteenth century, misanthropy was frequently understood in terms of melancholy, since both drive sufferers to flee society and embrace silence and solitude. The *Encyclopédie*'s brief entry on misanthropy, for example, simply diagnoses it as 'un symptôme de mélancolie', or even as 'une mélancolie parfaite', before swiftly referring the reader to the entry on melancholy instead.[24]

Although it makes only one specific reference to melancholy, Marmontel's tale stresses the role of a generalized *humeur* in Alceste's misanthropy. The opening paragraph, for example, insists that hatred of humanity is 'un caractère factice, un personnage qu'on prend par humeur et qu'on garde par habitude; mais dans lequel l'âme est à la gêne, et dont elle ne demande qu'à se délivrer' (p. 43). Marmontel thus establishes misanthropy as an ill-fitting mask that causes discomfort to its wearer. Sharing and supporting the narrator's stance too, Laval repeatedly tells Alceste that his hatred of men is not a reasoned position but rather a sign of *humeur*: 'Il y a dans vos préventions', he tells him, 'plus d'humeur que vous ne pensez' (p. 51). For Laval, Alceste's habit of extrapolating a hatred of the whole human race from his own experience of a few 'fripons' is likewise a sign of *humeur*: 'Il y a de l'humeur, mon voisin, il y a de l'humeur, convenez-en' (p. 52). *Humeur*, insists Laval, 'n'est bonne à rien'; it is scarcely an appropriate response to the knavery of a small minority to 'se dépiter comme un enfant' and 'aller seul dans un coin, bouder tout le monde' (p. 48). For Laval, misanthropy is thus a 'malheur' in both senses — it is both a

---

[23] *Le Misanthrope* (I. 1. 91). See *Le Misanthrope*, in Molière, *Œuvres complètes*, ed. by Georges Forestier, Claude Bourqui and others, 2 vols (Paris: Pléiade, 2010), I, 633–726.
[24] Denis Diderot and Jean Le Rond d'Alembert, eds., *Encyclopédie, ou dictionnaire raisonné des sciences, des arts et des métiers*, 17 vols (Paris: Briasson, 1751-65), X, 574 (art. 'Misanthropie').

misfortune and a source of unhappiness for the individual. Alceste will come to experience the truth of Laval's words for himself only some time later in the story, when, as we shall see shortly, he is driven into a bout of extreme melancholy. At this point Laval drops his previously dismissive claims about Alceste's childish sulkiness and explicitly warns him that 'si je vous livre à votre mélancolie, vous êtes un homme perdu' (p. 63).

Love and sociability

Whatever his temperamental disposition, however, the causes of Alceste's bout of intense melancholy are not purely humoral; they are more immediately triggered by his frustrated passion for Laval's daughter, Ursule. Throughout the tale, Marmontel interweaves the narrative of Alceste's rehabilitation with that of his developing love; indeed, the tale's conclusion invites us to read the upcoming marriage of Alceste and Ursule as a synecdoche for Alceste's impending reconciliation to society more generally. To some extent, love here serves — as it had done in Delisle's *Timon le misanthrope* — as the chink in the misanthrope's armour. In works like these, the misanthrope's capacity to love someone else, even involuntarily, testifies to a desire for human interaction; it is a stray thread that can be pulled at to unravel the whole misanthropic persona.

Indeed, Marmontel indicates at various points that Alceste harbours rather more respect or affection for people than he would like to admit. In fact, Alceste's impulse here reflects what we might paradoxically call a 'sociable misanthropy' on his part. Far from wanting to hate everyone, Alceste actually craves interaction with fellow misanthropes and is swift to seize upon what he perceives as misanthropic traits in others in the hope of recruiting them as his accomplices. While this tendency is most apparent with Blonzac, whose 'aversion' to society echoes Alceste's own, it also underpins his relationship towards Laval and his daughter. On meeting them, for example, Alceste misinterprets their relative seclusion as a sign that Laval is a fellow misanthrope who has likewise fled society. Ironically, Alceste's first strategies to win Laval's friendship involve those very techniques — flattery and satire — that he had so decried in others while living in Paris.

Alceste's curiously sociable misanthropy is not purely Marmontel's invention; indeed, it develops impulses that are already present in Molière's original play, not least in Alceste's curious passion for the coquette Célimène. By the end of Molière's play, Alceste has offered to take Célimène with him into his wilderness, hoping that the two of them will be able to live together in self-sufficient seclusion and plenitude; as he tells her, he hopes that she could 'trouver tout en moi, comme moi tout en vous' (v. 4. 1782). Much the same conception of love as a self-sufficient complementarity will underlie Alceste's love for Ursule in Marmontel's sequel, as well; he reflects at one point, for example, that 'Un époux vertueux et tendre lui suffirait, lui tiendrait lieu de tout' (p. 58). Yet Alceste's love for Ursule proves to be curiously inseparable from his affection for her father as well. Indeed, he instinctively sees Ursule and her father as living in a self-contained virtuous bubble, mostly independent of society at large, and is swiftly seduced by the fantasy of joining them: 'Ah! trois cœurs bien unis, deux amants et un père, n'ont-ils pas dans l'intimité d'une tendresse mutuelle, de quoi se rendre pleinement heureux?' (p. 59). Alceste is thus haunted by fantasies of the marital unit (accompanied, at times, by a benevolent father) as forming a self-contained, idyllically self-sufficient micro-society. This micro-society would, as phrases like 'se tenir lieu de tout' and 'pleinement heureux' here imply, offer Alceste a promise of completion and plenitude which — as we shall see shortly — he will soon feel to be lacking from his own life.

Hoping to see in Laval a fellow recluse from society, Alceste is thus shocked and bewildered to learn that the affable vicomte happily spends part of each year in Paris and even hopes to 'establish' his daughter there. Long before he starts to entertain conscious thoughts of love for Ursule, Alceste is struck by an urge to preserve her from the corrupting dangers of Parisian society. Impressed by her charms, innocence, and virtue, Alceste is left reflecting on the fitting wife she might become if she were not to fall prey to the dangers of Paris, 'où tout se perd' (p. 48). Fear for the fragility of Ursule's virtue becomes something of a refrain in his thoughts:

> Ce serait dommage, disait-il, qu'elle tombât en de mauvaises mains: il y a de quoi faire une femme accomplie. (p. 49)

> Elle est bien jeune; elle changera: répandue dans ce monde qu'elle aime, elle en prendra bientôt les mœurs; et il est à croire qu'elle finira par être une femme comme une autre... (p. 62)

Such fears are hardly exclusive to Alceste, of course; the corrupting dangers of city life were a source of fascination and trouble in many eighteenth-century works, perhaps most famously in Marivaux's *Le Paysan parvenu* (1735) and Rétif de la Bretonne's *Le Paysan perverti* (1775) and its sequel *La Paysanne pervertie* (1784).

Interestingly, although Ursule puts up a spirited defence of society, arguing that not all of Paris resembles what Alceste has experienced, she readily acknowledges that she is not inherently immune to corruption. However, she remains confident that her yearly visits to Paris will not harm her because she remains reliant on her father's solid moral guidance to protect her — and will do so at least until he finds her 'un autre guide, un époux qui soit son ami et le mien, et qui me tienne lieu d'un père' (p. 58). While this formulation clearly chimes with Alceste's fantasies of reciprocal friendship between virtuous individuals, it also reveals much about her father's (and indeed the tale's) attitude towards gender and marriage. For all his worldly beliefs about the level playing-field between men and women in matters of gallantry and courtship, Laval here conceives of marriage not as a union of equals but rather as the homosocial transferral, from one man to another, of the custodianship of a young woman's virtue.

The status of husband is thus, in Laval's eyes, a quasi- or semi-paternal one, which combines the guidance of a father with the careful attentions of a lover. It is at this point that Alceste starts to entertain the possibility that he himself could profitably fill this role as guarantor of Ursule's moral standing. Alceste attempts to sound out Ursule's own affections, but is dismayed when she rebuffs him, warning him that she could not tolerate marrying a misanthrope because 'je ne saurais passer ma vie à aimer un homme qui passerait la sienne à haïr' (p. 61). As she insists, she wants her husband to share 'ce sentiment de bienveillance universelle qui me fait voir les hommes et les choses du côté le plus consolant' (p. 61). In her stress on universal affection and goodwill, Ursule thus refuses, firmly but discreetly, to play along with Alceste's fantasies of living in a self-contained virtuous 'bubble' cut off from society at large.

Ursule's rejection of Alceste — or at least of his misanthropic persona — throws him into distress and despair. Alceste berates himself for not defending himself against love as wholeheartedly as he had done with the rest of his affective ties to others: 'Heureux! et puis-je l'être seul avec une âme si sensible? Je fuis les hommes! ah! c'était les femmes, les jolies femmes qu'il fallait fuir' (p. 61). Meeting Ursule and her father, he comes to realize, has uncovered within him a long-hidden core of sensibility and sociability that serves to torment him still further. Had he never met Ursule, he suspects, the emptiness of his life might not have been a source of distress; as it is, however, his love for her taunts him with dreams of contentment that make him recognize the insufficiencies of his existence:

> Que dis-je? hélas! si je n'aimais plus, ce repos, ce sommeil de l'âme serait-il effrayant pour moi? Flatteuse idée d'un plus grand bien, c'est toi, c'est toi qui me fais sentir le vide et l'ennui de moi-même. Ah! pour chérir toujours ma solitude, il eût fallu n'en jamais sortir. (p. 62)

As his phrases such as 'sentir le vide et l'ennui de moi-même' imply, the melancholic state into which Alceste plunges takes on truly existential proportions: 'Et moi, je vivrai seul, détaché de tout, dans l'abandon et le néant; car, il faut l'avouer, l'âme est anéantie sitôt qu'elle n'aime plus rien' (p. 62). The attempt to dissolve all affective ties to the outside world is thus a profoundly self-destructive act, reducing the soul to nothingness.

Counter-intuitively, perhaps, these melancholic reflections do not prompt him to renew contact with the outside world; instead, they plunge him into such despair that he does not leave his house for a week, and does not see anyone until Laval visits to check on his health. As he explains, between leaving Paris and meeting them, he had been content: 'Le ciel m'est témoin qu'après avoir renoncé au monde, je ne regrettais rien, quand je vous ai connu' (p. 62). However, he explains, the deepening bonds of affection tying him to both of them are tainting his periods of solitude with such sorrow that he needs to make a definitive affective and physical break from them both now, rather than let their friendship flourish any further. Accordingly, he explains, 'ma résolution est donc prise, de ne pas attendre que le charme d'une liaison si douce, achève de me rendre odieuse la solitude où je dois vivre' (p. 62). It is not solitude itself that is unbearable, but the deepening contrast between this solitude and the virtuous pleasures of Laval and Ursule's company.

The pragmatic Laval responds to Alceste's declaration with the blunt retort 'Vous êtes fou!' (p. 63). He invites Alceste to come with him when they leave for Paris the following month, assuring him that it is perfectly possible to live a life of seclusion there too, and that they will mix only with the worthiest people; he also offers him an unspecified position, presumably at court. Alceste is touched by these signs of esteem and friendship, and all the more so shortly thereafter by Laval's readiness to accept him as a son-in-law. Overjoyed, Alceste manages to win Ursule's heart over dinner with his touching depiction of the joys 'du commerce intime des âmes qu'unit le goût du bien, l'amour du vrai, le sentiment du juste et de l'honnête' (p. 65):

> Quel attrait, disait-il, n'ont-elles pas l'une pour l'autre! avec quelle effusion elles se communiquent! quel accord et quelle harmonie elles forment en s'unissant! Je ne trouve ici que deux de mes semblables; hé bien, c'est le monde pour moi. Mon âme est pleine, je souhaiterais pouvoir fixer mon existence dans cet état délicieux, ou que ma vie fût une chaîne d'instants pareils à celui-ci. (p. 65)

Alceste's soul, which he had earlier feared being 'anéantie' by solitude, is now 'pleine' in the harmonious company of his virtuous likes. It is this confession, and Alceste's proof of his newly un-misanthropic credentials, that reveal to Ursule the depth of her affection for him. When her father teasingly reminds her of the various obstacles that should make him an unattractive prospect for her, she both vigorously defends Alceste and lays down her own expectations for how her prospective husband should behave in society. After they discuss a few examples of the various social activities that Ursule expects this husband — still referred to by all in the third person — to partake in, Alceste finally, defiantly, embraces the first-person form and proclaims his readiness to submit to all Ursule's wishes, even if this means attending balls unmasked: 'Hé bien, Mademoiselle, j'y danserai, dit Alceste avec transport, en se jetant à ses genoux' (p. 66).

Alceste recognizes that his behaviour might seem ridiculous, but is prepared to risk this all in order to win her love. Picking up on Laval's quasi-paternal conception of the husband's role, he exclaims 'Oui, Mademoiselle, vous voyez à vos pieds un ami, un amant, et puisque vous le voulez, un second père, un homme enfin qui renonce à la vie s'il ne doit pas vivre pour vous' (p. 66). While his implicit allusion to suicide here certainly has undertones of emotional blackmail, it also reminds us of the serious stakes of solitude that Alceste has confronted in his moments of intense melancholy, and helps to confirm his sincerity and resolve. Marmontel's narrative thus ends with the prospect of a marriage, proposed under the benevolent paternal gaze of Alceste's prospective father-in-law, which symbolizes and cements Alceste's reconciliation to the social order. Although he is not, perhaps, instantly converted into a lover of all humanity, his newfound, demonstrative readiness to submit himself to others' judgement, and perhaps even to humiliate himself, demonstrates his resolve to reject his misanthropic habits and to renew his social contract. Laval's closing words remind us that, if Alceste's conversion is not (yet) complete or perfect, this is in part because no one is perfect; our own failings and weaknesses should be a constant reminder that we should show others the compassion we would expect for ourselves.

Demoustier: *Alceste à la campagne, ou le Misanthrope corrigé* (c.1790)

Relatively little is known about Charles-Albert Demoustier (1760–1801). Born in Villers-Cotterêts in northern France, and a lawyer by training, Demoustier first made his name in literary circles in the mid-1780s with a very popular work called the *Lettres à Émilie sur la mythologie* (1786). When the French Revolution broke out, Demoustier was embarking on what would prove to be a moderately successful career as a playwright. According to André Tissier, Demoustier would enjoy increasing popularity over the Revolutionary period, leaping from being the joint sixty-fourth most performed playwright from 1789 to 1792 (with 120 performances) to being the twenty-fifth from 1792 to 1795 (with 319).[25] He tended to write shorter comedies and operas; his one-act comedy *L'Amour filial, ou la jambe de bois* (1792), for example, had 148 performances during the Revolutionary period. Yet he also produced some five-act dramas on serious socio-political issues — notably *Le Conciliateur, ou l'homme aimable* (1791) and *Le Tolérant, ou la tolérance morale et religieuse* (1795).

There is some uncertainty about when *Alceste à la campagne* first appeared. Although two unverifiable sources suggest that it was written or even performed as early as 1785,[26] the first performance we can be sure of was in Paris at the

---

[25] See *Les Spectacles à Paris pendant la Révolution: répertoire analytique, chronologique et bibliographique*, 2 vols (Geneva: Droz, 1992–2002), I, 522 and II, 523.
[26] An anonymous nineteenth-century biography of Demoustier claims that a note on

Théâtre de Monsieur on 5 December 1790.[27] Its subsequent performance history becomes easier to trace; it had a run of nineteen performances at this theatre (renamed the 'Théâtre Feydeau' in June 1791). By the end of the century, *Alceste à la campagne* would receive a further sixty-seven performances in Paris, at various locations including the Théâtre du Marais, the Théâtre d'Émulation, and the Académie Royale de Musique. This, Demoustier's first play, also received a moderately warm critical reception. According to the review in the *Correspondance littéraire*,

> Le sujet d'*Alceste a la Campagne* est celui d'un joli conte de M. Marmontel; l'auteur s'en est emparé et l'a suivi pour ainsi dire pas à pas.
> Cette pièce manque trop d'action; les mêmes reproches contre la société que Molière a mis dans la bouche de son Misanthrope y sont répétés avec une exagération fatigante; mais l'ouvrage mérite l'espèce de succès qu'il a obtenu, par des détails d'une sensibilité douce et agréable. Le style, quelquefois faible et négligé, nous a souvent paru rempli de grâce et de naturel.[28]

The review in *L'Esprit des journaux français et étrangers* echoes the *Correspondance littéraire*, perhaps with a little more indulgence:

> La premiere représentation d'*Alceste à la campagne*, comédie en trois actes et en vers, de M. du Moustier [sic], a eu un fort agréable succès. Le sujet est celui du *Misanthrope corrigé* de M. Marmontel, conte suffisamment connu. Peut-être le caractere du Misanthrope est-il trop forcé; mais on a justement applaudi une foule de traits piquans et ingénieux dont le style étincelle. Qu'un misanthrope se corrige, on juge bien que ce miracle ne peut être que l'ouvrage de l'amour. C'est effectivement l'idée principale de cette jolie comédie.[29]

Early critics, it seems, found Demoustier's Alceste a little too forceful as a character but felt that the play as a whole managed in part to redress the balance with its natural, witty, and touching style.

Neither of these reviews picks up on what might strike us as the most curious aspect of the play itself: Demoustier's choice of dramatic subject in the first

---

the (now apparently lost) original manuscript dates the play's composition to 1785. See *Charles-Albert Demoustier. Sa vie et ses œuvres, Bulletin de la Société archéologique, historique et scientifique de Soissons*, 2nd ser., 18.2 (1887), p. 65. The copious online database, CESAR (*Calendrier électronique des spectacles sous l'ancien régime et sous la Révolution*), mentions a first performance in the same year, without giving any details about specific date or location (http://cesar.org.uk/cesar2/titles/titles.php?fct=edit&script_UOID=124142 [accessed 6 November 2018]).

[27] According to the CESAR database, it had also been performed in Paris at some unspecified point in the previous year (http://cesar.org.uk/cesar2/titles/titles.php?fct=edit&script_UOID=124142 [accessed 6 November 2018]).

[28] *Correspondance littéraire*, 5 vols (Paris, 1813), v, 600.

[29] *L'Esprit des journaux français et étrangers*, II (February 1791), p. 340.

place. As the playwright's anonymous nineteenth-century biographer put it, 'Il fallait être bien sûr de soi ou bien téméraire pour oser essayer une suite du Misanthrope, après Molière'.[30] Various factors might have attracted Demoustier to the figure of Alceste. For a start, he appears to have had a curious personal affinity with seventeenth-century French culture — he falsely claimed both La Fontaine and Racine amongst his ancestors — and so it is not impossible that he likewise wanted his first dramatic project to prolong and sustain the inheritance of the age of Louis XIV in an appropriately updated way. More generally, as Judith K. Proud has demonstrated, Molière enjoyed something of a renaissance on the French stage towards the end of the eighteenth century, becoming the fourth most performed playwright in Paris from 1789 to 1792.[31]

Misanthropy, too, was in the air in the century's closing decades, as increasing civil tensions started to strain Enlightenment ideals of optimism and sociability. A handful of the period's key playwrights turn to the issue of misanthropy, although with surprisingly little success. The very year that *Alceste à la campagne* started its first run, 1790, was also the year that the Comédie Française accepted, but ultimately failed to perform, Sade's *Le Misanthrope par amour, ou Sophie et Desfrancs*, and that the German playwright Friedrich Schiller published his own unfinished fragment *Der Menschenfeind* ('The Misanthrope') under the title 'Der versöhnte Menschenfeind' ('The Misanthrope Reconciled'). The same year would also see the rather more successful first performances of August von Kotzebue's sentimental drama *Menschenhaß und Reue* ('Misanthropy and Repentance') in Germany and, closer to home, Fabre d'Églantine's five-act comedy *Le Philinte de Molière, ou la suite du Misanthrope*. This latter play appeared in 22 February 1790 at the Théâtre de la Nation and, given that *Alceste à la campagne* would be produced nine months later, it is not implausible that Demoustier might have been prompted by the success of Fabre's comedy to dust off his own perhaps unperformed work; Demoustier's decision to name his comedy directly after one of *Le Misanthrope*'s main characters clearly establishes his *Alceste à la campagne* as an implicit counterpart, or even a rival, to Fabre's *Philinte*.

From *conte* to comedy

While Demoustier's title explicitly cashes in on the notoriety of Molière's protagonist, his subtitle (*'ou le Misanthrope corrigé'*) gestures back to his more immediate source, Marmontel. Demoustier was not, by any means, the

---

[30] *Charles-Albert Demoustier*, p. 65.
[31] P.-F.-N. Fabre d'Églantine, *Le Philinte de Molière*, ed. by Judith K. Proud (Exeter: University of Exeter Press, 1995), p. xvi and p. xvii, n. 17; see also Tissier, *Les Spectacles à Paris*, II, 523.

only writer to dramatize a tale by this author. Indeed, *Alceste à la campagne* was just one of at least ninety-four adaptations of Marmontel's *contes* that appeared before the end of the century[32] — a series that started with Favart's *Trois Sultanes* (adapted from *Soliman II*) in 1761, a mere four months after Marmontel's collection was first published. Demoustier was not even the only playwright to adapt *Le Misanthrope corrigé*; a couple of anonymous one-act prose adaptations appeared in 1776 and 1788, while an amateur playwright, Jean Castaing, published another three-act version in 1791–92.[33]

In the second edition of his *Contes moraux* (1761), Marmontel had welcomed the possibility that other writers would take up his stories for the stage; indeed, he would go on to write his later tales with an increasing 'eye to their dramatization'.[34] At the same time, Marmontel was well aware that the *conte* form places certain restrictions on characterization. As he puts it, 'il est des caracteres qui, pour être présentés dans toute leur force, exigent des combinaisons et des développemens dont un Conte n'est pas susceptible; je ne puis que les indiquer'.[35] It is perhaps revealing that Marmontel makes this observation immediately after discussing *Le Misanthrope corrigé* in particular. Indeed, for all his psychological complexity, Molière's Alceste had remained at heart a dramatic character, and one whom we only ever see in his social interactions. By writing a sequel in a narrative form, Marmontel had increased the psychological and sociological stakes of Molière's play and character, but at the cost of Alceste's dramatic power and force of character.

Demoustier, on the other hand, restores Alceste to his dramatic — and indeed, more specifically, comic — origins. Unlike Beaumarchais, who would soon round off his otherwise comic 'Figaro trilogy' with a serious *drame*, *La Mère coupable* (1794), or Fabre d'Églantine, whose *Philinte* is generally serious in tone despite being officially branded a 'comedy', Demoustier does not downplay the roles of laughter and humour in his sequel. In a sense this is unsurprising, since comedy is in some respects the natural mode of the sequel. Sequels, as

---

[32] See John Renwick, *Jean-François Marmontel: dix études* (Paris: Champion, 2001), p. 107.
[33] Anonymous, *Le Misanthrope corrigé*, one-act prose comedy (performed Paris, 1776); Anonymous, *Le Misanthrope à l'épreuve*, one-act prose comedy (performed at the Ambigu-Comique, 1788); Jean Castaing, *Le Misanthrope corrigé*, three-act verse comedy, in *Théâtre de Castaing*, 3 vols (Alençon: [n. pub.], 1791–92), II. Castaing's version of *Le Misanthrope corrigé* is effectively lost; the single print run of Castaing's theatre amounted to only thirty copies. In the words of one nineteenth-century bibliophile, 'Ce recueil dont les pièces sont aussi mauvaises que mal imprimées, n'a d'autre mérite que sa grande rareté'. See Jacques-Charles Brunet, *Manuel du libraire et de l'amateur de livres*, 3 vols (Paris: Crapelet, 1820), I, 342.
[34] Clarence D. Brenner, 'Dramatizations of French Short Stories in the Eighteenth Century: with Special Reference to the "Contes" of La Fontaine, Marmontel, and Voltaire', *University of California Publications in Modern Philology*, 33.1 (1947), 1–34 (p. 15).
[35] *Contes moraux* (1761), p. x.

Thomas Carmichael has suggested, are invariably set in a complex intertextual relationship to the original work:

> The sequel is a narrative production whose claim to authority ironically rests upon its intertextual traces. Every image and figure in the sequel stands in differential relation to an earlier representation, with which it is affiliated and from which its authority derives, and to the extent that a narrative is recognized or recognizes itself as a sequel, it inevitably also calls attention to the conventions that govern its own narrative logic.[36]

As Carmichael suggests, this relationship between source text and sequel often tends to promote a certain comically destabilizing or parodic stance towards the source text and its narrative conventions. Even when it does not undermine these conventions, allusions to the earlier work — especially when this is a familiar or canonical source text — can often produce knowing laughter in audiences.

Curiously, though, while Demoustier's play has various amusing scenes and exploits different types of humour, it tends not to make much explicit comic mileage out of its intertextual relationship to Molière's original. Certainly, Demoustier allows his spectators the pleasures of recognition produced by, for example, Alceste's familiar verbal tic of 'morbleu!' or the potted portraits of the main characters of Le Misanthrope he gives us in act II. Yet these allusions are not primarily comic; strangely, too, Demoustier — or perhaps his publisher — flags up these latter allusions with an apparently superfluous explanatory footnote ('Personnages du Misanthrope de Molière'), as though readers might not understand the reference or might become confused by the reference to non-appearing characters. Only towards the very end of the play does Demoustier introduce a brief moment of comically metatheatrical *mise-en-abyme*, when Ursule insists that her husband-to-be should be willing to watch, and even laugh along at, a comedy entitled 'Le Misanthrope'. The very existence of this play within Demoustier's fictional onstage world implies that Alceste's reputation has not only preceded him — as it had done in Marmontel's tale — but has even given rise to a mainstay of the comic stage. This ending, in which Alceste consents to see himself (or at least his past self) held up for ridicule onstage, gives his final 'correction' an air of escapist fantasy.

For the most part, though, Demoustier passes up the easy laughs of intertextual recognition or self-reflexivity. While there are several comic episodes and moments, Demoustier taps into other sources of affect as well. The genre of comedy had of course undergone numerous changes between Molière's day and Demoustier's; in particular, during the intervening century

---

[36] '"After the Fact": Marx, the Sequel, Postmodernism, and John Barth's *LETTERS*', in *Part Two: Reflections on the Sequel*, ed. by Paul Budra and Betty A. Schellenberg (Toronto and Buffalo: University of Toronto Press, 1998), pp. 174–88 (p. 175).

it had stretched itself enough, under the influence of the *drame* and the earlier *comédie larmoyante*, to be able to accommodate moments of considerable pathos alongside light-heartedness and laughter. In fact, as Cecilia Feilla has put it, 'Revolutionary theater was remarkably and undeniably sentimental'.[37] Certainly, Demoustier shows a sensitivity to the dramatic appeal of pathos, and his play replaces much of the abstract discussion of Marmontel's tale with tender scenes designed more to move spectators on a directly emotional level than to persuade them intellectually. Indeed, as we shall see, Demoustier's play weaves deftly back and forth between scenes of pathos, moral reflection, and straightforward comedy.

Between plot and character

Alceste à la campagne thus combines elements of both Molière's original play and Marmontel's tale. Although Demoustier is clearly indebted to Marmontel, and remains broadly faithful to his characters, he does not adhere quite as slavishly to Marmontel's narrative as the *Correspondance littéraire* reviewer suggests. In order to contract the action of Marmontel's tale, which traces the gradual dismantling of Alceste's misanthropy over several weeks, into the few hours required by the unity of time, Demoustier makes some key changes. He boils down various lengthy discussions from Marmontel or edits them out entirely, sometimes replacing them with scenes of greater drama or pathos, while some other key events — as we shall see shortly — are retained but re-ordered and reworked. For reasons of concision, various events recounted in Marmontel's tale are here consigned to pre-dramatic time; by the start of Demoustier's play, for example, Alceste has already met the other main characters, fallen in love with Ursule, and made friends with Blonzac as an apparent kindred spirit. There is little real narrative urgency in Marmontel's tale, beyond Alceste's increasing concerns for the safety of Ursule's honour and virtue as her impending departure for Paris approaches. Demoustier, however, shifts the agency for the impending separation onto Alceste, who is resolved from the very start to retreat still further into self-imposed seclusion. Alceste announces in the second scene that 'Ce soir de mon château je fais sceller la grille' (I. 2. 105). By retaining and even amplifying Alceste's professed desire to withdraw from human contact, Demoustier thus taps into aspects of Molière's protagonist to set up the narrative stakes of his own comedy.

Unsurprisingly, of course, Demoustier's protagonist remains far closer to his comic original in Molière than he does to Marmontel's rather more contemplative and *sensible* hero. Demoustier firmly establishes Alceste as the main character, not only keeping him onstage for proportionally longer than

---
[37] *The Sentimental Theater of the French Revolution* (Burlington: Ashgate, 2013), p. 4.

Molière had done,[38] but also granting him three separate soliloquies when Molière had given him none. Demoustier also reinvigorates Marmontel's somewhat anaemic Alceste in various ways, at times turning him into an even more dramatic and self-theatricalizing figure than Molière's original. As well as restoring Alceste's habit of exclaiming 'morbleu!', for example, Demoustier draws greater attention to his impulsive physicality than Molière himself had done; indeed, it is easy to see why one reviewer regarded Alceste's character as perhaps 'trop forcé'. Unlike Molière, Demoustier makes particularly frequent use of stage directions to express Alceste's strong (and sometimes conflicting) emotions, often to comic effect. Quite aside from reflecting Alceste's physical actions — such as slamming doors (I. 4) or reopening them 'brusquement' (I. 6) — Demoustier's copious stage directions also give his Alceste a wide and demonstrative emotional range entirely lacking from Marmontel's more introspective protagonist. Stage directions like '*avec fureur*', '*avec feu*', '*ému*', and so forth will play an increasingly important role in motivating and communicating both Alceste's internal emotional struggles and his eventual reconciliation with humanity.

Although he exaggerates certain elements of Alceste's character (to the chagrin, as we have seen, of at least one reviewer) and tones down others, Demoustier thus remains broadly faithful to Molière's depiction of his protagonist and his various contradictions. Yet in some respects it is precisely this continued resemblance to Molière's Alceste that is most troubling. Marmontel, after all, had exposed Alceste's curmudgeonliness as largely a side effect of his context, and by transplanting him away from the *fâcheux* of Paris had given him a chance to mellow. Demoustier likewise extracts his protagonist from Paris, but if anything his Alceste's frustration with humanity has — even without the daily spectacle of the hypocrisies and flattery of social exchange — become more generalized and uncompromising. Implying that this Alceste's misanthropy is more a matter of his inner psychological or physiological make-up than of his social context, Demoustier's play thus initially seems still more pessimistic about the prospect of rehabilitation than Marmontel's tale had been. As in Molière's play, Alceste's general irascibility gives him a certain dynamism. Molière's Alceste had imagined himself as a vigorous, quasi-military crusader for virtue, someone prepared to 'rompre en visière à tout le genre humain' (I. 1. 96). In Demoustier's play, Alceste echoes and amplifies this martial imagery when encouraging the old soldier Blonzac out of suicide; he exhorts Blonzac to live and be a scourge of a society saturated with crime and vice:

> Le crime règne? Eh bien vivez pour le haïr;
> Armez-vous contre lui d'un courage intrépide.

---

[38] Demoustier's Alceste is present onstage for twenty of the play's twenty-four scenes, compared to seventeen out of twenty-two scenes in Molière.

> Conservez de vos mœurs l'austérité rigide.
> Frondez tous les humains, et vous aurez rendu,
> En combattant le vice, hommage à la vertu.
>
> (I. 2. 40–44)

At other points, however, this Alceste's commitment to hatred exposes almost villainous traits in him. In his opening speech, for example, he defiantly abjures 'tendresse' and 'amitié', and seems shocked that love has made him 'adorer la vertu' (I. 1. 9, 20). Indeed, whereas Molière's protagonist had often presented himself as a lone voice of honour and virtue, Demoustier's Alceste sometimes presents himself as a wholehearted scourge of all modern values. Far from being the source of self-righteous frustration and discontent that it had been for Molière's and Marmontel's protagonists, misanthropy has become for this Alceste — at least in his moments of private self-theatricalizing bravado — a source of perverse and apparently compulsive pleasure. Alone in his chateau, Alceste apostrophizes humanity in general, defiantly telling his imagined listeners that

> J'abhorre l'univers et mon plus grand plaisir,
> Vils humains, ce sera celui de vous haïr.
> C'est sur la haine, ingrats, que mon bonheur se fonde…
>
> (I. 1. 11–13)

By stressing Alceste's perverse pleasure in his hatred of others, Demoustier adds yet more apparent obstacles in the way of his potential rehabilitation. Whether they derive from virtue or villainy, Alceste's impulses to play the thorn in society's side are short-lived, and somewhat counterbalanced by a second humour, also at work in Alceste's earlier incarnations: melancholy. For all the vigour of his hatred and the dramatic strength of his angry tirades, Demoustier's Alceste often seems strangely resigned and ready to give up the fight. Just as he had resolved to flee society at the end of *Le Misanthrope*, Alceste has here resolved to barricade himself definitively away from others; ironically, of course, a sequence of events means that he never quite manages to do so.

While Demoustier effectively keeps Marmontel's *dramatis personae* (albeit rebaptizing Laval as 'Delaval'), he makes some important additions. For example, he reinstates Alceste's servant Dubois, giving him an important secondary role both in the progression of the narrative and in its emotional effect. He also works the secondary character Blonzac more fully into the play's plot; by transforming him into Alceste's romantic rival, Demoustier is able to turn to comic effect the bluff and 'avantageux' (p. 53) character that Marmontel gives him. Blonzac's comically unrefined demeanour in matters of courtship becomes particularly apparent in the physical humour of the two men's behaviour around Ursule in act I and in his overweening confidence when discussing marriage to Ursule with her father at the start of act II. In addition, the playwright introduces a new character, the poor and recently bereaved 'Vieillard', who first appears in act I seeking Alceste's help in joining Delaval's benevolent workhouse scheme, a project that is discussed in Marmontel's tale (p. 46). Not content with gradually dismantling Alceste's misanthropy as Marmontel does, Demoustier works the old man into a secondary plot that makes Alceste's conversion more palpable and dramatically engaging. Not only do Alceste's fluctuating attitudes towards the 'Vieillard' in acts I and III provide a barometer of his own changing stance towards others; they also give other characters — Dubois and Ursule — the chance to respond emotionally and morally to these changes. To start with, Alceste gruffly rejects the old man; however, touched by Dubois's tears and the thought of Ursule's example, he soon sends his servant after him with a purse of money, reflecting on the moral power that Ursule holds over him. As the old man explains upon his return in act III, he wants not Alceste's charity but his help in finding employment in the local workhouse scheme — an idea lifted, of course, from the scheme administered by Laval in Marmontel's tale. By borrowing the idea of the workhouse scheme, as indeed by developing Blonzac's character and role, Demoustier is able to give his play a sense of underlying dramatic unity lacking from Marmontel's more episodic, loosely-structured series of dialogues, while still remaining broadly faithful to his fictional world and its characters. Yet the old man also offers Alceste the opportunity to demonstrate his conversion to selfless, uncynical philanthropy when, at a key moment in act III, Alceste not only offers him both charity and assistance, but also humbles himself at the old man's feet in order to get him to accept them. The old man's dramatic importance is emphasized by his return at the end of the play and symbolic adoption by the family, at least in the printed version; as the accompanying notes claim, however, the actors were probably right to drop these final lines in performance.

Demoustier's adaptations

Although Demoustier does retain a handful of key episodes from Marmontel's tale — those which offer the most dramatic, emotional, or intellectual interest, and which are most tightly connected to Alceste's 'correction' — he reorders and reworks these episodes in order to suit his dramatic narrative. Each of the play's three acts is based largely around one episode from Marmontel: the Blonzac episode; Alceste's discussion with the peasant, here called Germon; and — most loosely of all — his prospective marriage to Ursule. Since Demoustier engineers his conclusion in a quite different manner to Marmontel, through the episode of the old man, I shall concentrate on the first two episodes here.

The main import from Marmontel in the play's first act is the 'Blonzac episode', in which the flimsiness of Blonzac's apparent misanthropy is swiftly exposed. As in Marmontel's tale (pp. 53–54), Blonzac presents a more transparent example of self-interested misanthropy that both contrasts with and yet subtly echoes Alceste's own. Demoustier clearly recognizes and exploits the dramatic potential of Marmontel's brief account. Whereas Alceste and Blonzac have only just met in Marmontel's tale, Demoustier establishes Alceste and Blonzac as friends, or at least as companions in misanthropy, from the start; Alceste confides to the audience that he hates Blonzac 'un peu moins' than other people 'parce qu'il hait les hommes' (I. 1. 34). Although the two men do not always quite see eye to eye (as is soon evidenced above all by their comic rivalry for Ursule's attentions in scene 3), Demoustier sets them up for a comic fall by stressing their common cause in the moments leading up to Delaval's revelation that Blonzac has been promoted. Not only do both men stress their unity — Blonzac tells Delaval that their 'sympathie' is founded on 'la misanthropie', while Alceste insists that 'Nous sommes deux contre un' (I. 3. 267) — but Demoustier also underlines their common cause through sustained use of stichomythia (I. 3. 245–59). In Demoustier's rewriting, Delaval does not seem to have engineered the situation as precisely as Laval had done in Marmontel's tale; the scene takes place in Alceste's residence and the letter announcing Blonzac's promotion seems to arrive by chance. Nonetheless, Demoustier gestures towards Delaval's continued position as *meneur de jeu* both by stressing his detached, entertained demeanour as he lets the two men share their misanthropic barbs, and by having him confidently and accurately predict what will happen next: 'Vous allez vous brouiller, je vous en avertis' (I. 3. 260).

As in Marmontel's original, the evaporation of Blonzac's misanthropy is swift and definitive. After a brief moment of 'trouble', Blonzac not only abandons his misanthropy but haughtily abandons his former ally, citing important business and leaving Alceste to his helpless rage. While Demoustier's changes heighten the ironic, comic effect of Blonzac's sudden *volte-face* and Alceste's instant indignation, they also help the playwright to articulate in a dramatic mode an idea that Marmontel had explored in a very different way in his narrative: Alceste's strong but largely disavowed streak of sociability. As in Marmontel, Alceste seeks to find some ally in his misanthropy, and although he never falls prey to the existential despair that he feels in Marmontel, his distress at losing Blonzac as a misanthropic accomplice paves the way for his final reconciliation with society and his marriage with Ursule. The play thus traces the shift from Alceste's provisional, homosocial form of companionship with a supposed misanthropic alter ego to a more solid, socially redemptive marriage with a woman whose stance largely complements his own.

The next scene that is directly inspired by Marmontel is Alceste's conversation with the labourer, here called Germon. This dialogue, in act II, scene 4, is largely based on Alceste's conversation with the labourer at the very start of

Marmontel's tale, and particularly the early part before the topic moves on to Laval's governance (pp. 44–45). Yet Demoustier frames this conversation in a crucially different way, partly by postponing it until later but mostly by working it into a broader discussion of misanthropy between Alceste and Ursule that forms the intellectual and emotional centrepiece of act II.[39] In this act, Ursule stumbles upon Alceste as he is tearfully reflecting on his love for her and on his solitude. When he expresses his concern that she is to leave for Paris, there ensues a discussion about the relative virtue of country folk and city-dwellers. While this conversation has a loose counterpart in Marmontel (pp. 55–56), the focus is rather different. In both works, Ursule attempts to coax Alceste out of his misanthropy; however, whereas Marmontel's Ursule primarily does so by presenting the peasantry as worthy of pity and compassion, Demoustier's Ursule holds the provincial locals up, in contrast, as the embodiment of natural, uncorrupted innocence. Alceste, though, has no time for Ursule's quasi-Rousseauist idealization of nature and 'natural man'; following an austere line of reasoning more redolent of Pascal, he insists that the 'principe odieux' (II. 3. 432) of perversity is inherent to human nature, and that humanity itself has been inherently poisoned by corruption and vice. That said, for all his pessimism about the extent of vice in the world, Alceste at least remains convinced that vice does not bring happiness to those who practice it: as he puts it, 'l'infortune poursuit le crime' (II. 3. 463). Having established this proposition, Alceste makes Ursule's task in converting him rather more straightforward: she needs to show Alceste that some people are genuinely happy with their lot in order to demonstrate that innocence and virtue do indeed exist. Conveniently for her, it is precisely at this point that the cheerful peasant Germon arrives, on his way back from working in the fields.

Although the conversation is here initiated and guided by Ursule, this chance encounter will, as in Marmontel's tale, prove instrumental in reconciling Alceste to humanity. Like his counterpart in Marmontel's tale, Germon acknowledges the hardships of life as a labourer but insists that these are more than counterbalanced and redeemed by life's pleasures, and above all by the companionship of his family. Germon's answers repeatedly return to questions of companionship, cooperation, and community; he offers an attractive, if politically conservative, portrait of harmony and cooperation between the different social ranks in which everyone has their place and 'Tout le monde

---

[39] The principal discussions of misanthropy in Molière's original play, as we might recall, take place in the first act, and serve a primarily expository function in establishing Alceste's character and viewpoint for the benefit of the specators. By moving his play's main theoretical discussion of misanthropy to a later point, Demoustier is able to show Alceste in a period of transition and thus to gesture towards his eventual redemption. In Demoustier and Marmontel, conversation does not merely expose Alceste's character to the audience; it plays an active role in shaping this character.

est content' (II. 3. 536). Interestingly, while Marmontel's peasant had stressed that this political stability and justice are the lucky consequence of being ruled by an enlightened governor like Laval, Germon insists that this harmonious equilibrium between rich and poor is simply 'l'ordre général' (II. 3. 525). The key interest of this exchange for Demoustier is not so much the political content of Germon's words as their emotional and intellectual effect on Alceste. The protagonist says relatively little in this scene, beyond asking questions and making occasional approving asides about the 'saine équité' and 'vertu naïve' of the peasant and the system he defends (II. 3. 494). Nevertheless, Germon's profound contentment with his lot contrasts starkly with Alceste's tearful, distressed loneliness in the previous scene, and the pleasures of cooperation and companionship that he extols are all currently inaccessible to Alceste as a reclusive bachelor. The scene both illustrates the possibility of happiness and demonstrates how this happiness derives not from the self but from one's interactions with others. As Germon puts it, 'l'homme n'est pas fait pour vivre comme un ours' (II. 3. 516).

Whereas in Marmontel's tale the exchange with the peasant has the specific primary effect of whetting Alceste's curiosity to meet the local governor, in this play it persuades him of a more general truth: that innocence and virtue can still be found on earth. Although this realization leaves Alceste momentarily confused, he now changes tack, arguing that Ursule has a duty to stay in the countryside and to govern those around her. He now imagines the local countryside as an asylum of innocence. Reversing the paternalistic leanings we have seen in Marmontel, Demoustier grants Ursule an important maternal role as the administrator of peace and innocence. Alceste begs Ursule to stay in the countryside, announcing that 'Ces lieux vous offriront une famille entière: | Vous nous adopterez; vous serez notre mère' (II. 3. 569–70). As Alceste suggests, in this community, wickedness cannot thrive under Ursule's guidance: 'Le souffle du méchant ne peut point l'altérer, | Le méchant près de vous, n'oserait respirer' (II. 3. 563–64).

Ursule, in contrast, advocates a more active role for virtue. She encourages Alceste to accompany her to Paris, explaining that returning to Paris will allow him not only to meet and mix with virtuous people there but also to perform acts of kindness and charity to the needy (II. 4. 626–29). This proposal prompts Alceste to fall at her feet and to pledge his love for Ursule's virtue. While this moment of poignancy echoes Alceste's gesture at the very end of Marmontel's tale, Demoustier is not content to have him convert so swiftly. Instead, the playwright enlivens this otherwise rather static act and strings the plot along for another act by having Blonzac now appear unexpectedly, thrusting Alceste into a bout of comically self-indignant jealousy and renewing his resolve to withdraw from human contact.

As mentioned earlier, Demoustier's debt to Marmontel in the final act is far less pronounced. Although both sequels end with Alceste's marriage to Ursule and his reconciliation with society, Demoustier arrives at this conclusion by quite a different route to Marmontel. Indeed, Demoustier passes over the potentially touching moments and tableaux which are implicit in Marmontel's closing scene (pp. 66–67), choosing instead to present Alceste's redemption and Ursule's realization of her love rather more dramatically, and away from the father's benign gaze, through his charitable act towards the old man. That said, the early stages of act III are party lifted from Marmontel. In the *conte*, Alceste's bout of melancholy has led him to retreat from all company for a week; Laval pays him a visit, and presses him on the mysterious 'plaie profonde' (p. 64) that he recognizes as the source of Alceste's sufferings. While Demoustier's Alceste has not descended into the same levels of despair, the *contretemps* involving Blonzac seems to play a similar role in this Alceste's decision to break off relations with Ursule and her father. As in Marmontel, Ursule's father jovially coaxes him into admitting that he loves Ursule, encourages him in his affections, and openly welcomes him as a son-in-law provided that Ursule reciprocates (pp. 64–65; III. 2), thus rekindling his hopes of a happy outcome. It is at this point that Demoustier's narrative diverges from Marmontel's, though: largely ignoring Delaval's somewhat superficial advice about winning Ursule's heart by being charming and good-mannered, he chooses instead to demonstrate his humility and compassion when the opportunity arises to help the old man.

Alceste poli par l'amour?

Like Marmontel, but in different ways, Demoustier thus intertwines the story of Alceste's rehabilitation with that of his developing love for Ursule. As we recall, for one of the play's reviewers, the basic message of the whole play is that a misanthrope's correction can only be 'l'ouvrage de l'amour', and Demoustier certainly encourages such a reading, not least by considerably increasing the role of Ursule. Although Ursule had been one of the three main characters of *Le Misanthrope corrigé*, she had taken a resolutely second place to her father in Marmontel's tale, which — as we have seen — had been dominated by a benevolently paternalistic attitude to governance and to Alceste's correction. Marmontel's Ursule, indeed, often explicitly acts as a mouthpiece for the opinions of her more worldly-wise father. This paternalistic presence is considerably less pronounced in *Alceste à la campagne*, where Demoustier edits out almost all the discussions between Alceste and Ursule's father that play such a key role in Marmontel's work, and shifts the agency behind Alceste's conversion from father to daughter.

It is Ursule, then, who here fosters Alceste's taste for the natural life through his encounter with the peasant Germon, and she again who ends up training Alceste in the ways of polite sociability; by the end of the play, indeed, Ursule can explicitly consider him as her own 'ouvrage' (II. 7. 976). Of course, she could not have accomplished this 'correction' if she had not already been sensitive to Alceste's underlying virtue, and Demoustier presents her far more favourably than her father in this regard. This becomes particularly apparent at the start of act III, when Ursule offers a poignant defence to Delaval of Alceste's character:

> Mon cœur a toujours su,
> Jusques dans ses écarts admirer la vertu.
> Celle de notre ami, de temps en temps l'égare;
> Sa singularité lui donne un air bizarre.
> De sa rigueur stoïque il ne relâche rien,
> Et c'est avec excès qu'il est homme de bien.
> (III. 1. 665–71)

Ursule's description here clearly resembles in both spirit and function the account of Alceste that Éliante had offered in Molière's original play; while acknowledging both the ridiculous and the heroic in Alceste's nature, both women gravitate respectfully towards the latter:

> Dans ses façons d'agir, il est fort singulier;
> Mais j'en fais, je l'avoue, un cas particulier,
> Et la sincérité dont son âme se pique
> A quelque chose, en soi, de noble et d'héroïque.
> C'est une vertu rare au siècle d'aujourd'hui,
> Et je la voudrois voir partout comme chez lui.
> (*Le Misanthrope*, IV. 1. 1163–68)

Indeed, Demoustier here uses Ursule much as Molière had done with Éliante: to give his audience a largely trustworthy, nuanced outside account of a character whom we might otherwise be tempted to regard as purely comic and ridiculous. Unlike Éliante, who is content to esteem Alceste from a distance, however, Ursule hopes that Alceste will change, and soften his 'rigueur stoïque' with sensibility and affection. After he storms off in act I, she offers a brief prayer to Love: 'Amour, que ne peux-tu | Adoucir la sagesse et polir la vertu!' (I. 4. 287–88).

Even more explicitly than in Marmontel's tale, then, love will play a crucial role in Alceste's rehabilitation. In *Le Misanthrope corrigé*, we recall, Alceste's love had developed out of his delicate recognition of Ursule's virtue and a concern for her vulnerability were she to enter Parisian society. Recognizing the need to inject some greater dramatic conflict into his work, however, Demoustier sets Alceste in a far more ambivalent, even antagonistic, relationship to his own passion; while this ambivalence might have its seeds in Alceste's melancholic despair towards the end of Marmontel's tale, Demoustier works it into an integral part of his Alceste's attitude. Although, in Molière's play, Alceste had attempted to gloss over any inconsistencies between his general contempt for society and his specific love for Célimène, Demoustier's Alceste is starkly aware that his new passion contradicts and undermines his own misanthropic image. These struggles are already apparent from the very start of the play, when Alceste interrupts his own opening monologue to express his surprise and incomprehension that, as he puts it, 'je suis amoureux, moi qui hais tout le monde!' (I. 1. 14).

Love is thus a profoundly troubling experience for a character who, even more than in Molière's original play, seeks to define and understand himself through his hatred. At certain points, Alceste's only defence against his feelings for Ursule is to flee. While Alceste's desire to withdraw from Ursule and her father has its origins in the closing stages of Marmontel's tale (pp. 62–63), Demoustier has this impulse guide his Alceste's behaviour from the very start. Indeed, the dramatist often hints that Alceste's desire to retreat still further into seclusion is prompted more by his feelings for Ursule than by his frustration with society. Whereas Alceste sometimes recommends remaining in society to confront its injustices and perversities, he is elsewhere surprisingly explicit that Ursule is the primary cause of his flight. In the first act, he tells her directly that 'Je vous crains mille fois plus que tous les pervers, | Vos yeux me feraient fuir au bout de l'univers' (I. 3. 155–56), and announces that 'je serais fâché de vous déplaire, | Mais mon cœur m'avertit de vous fuir la première' (I. 4. 285–86).

Alceste's ambivalence towards Ursule becomes particularly apparent in his soliloquies. Misanthropy in theatre often leads to impressive set-piece speeches of invective against society and humanity, such as the 'O blessed breeding sun' monologue of Shakespeare and Middleton's Timon.[40] Yet whereas Demoustier likewise gives his Alceste several intense and declamatory monologues, these tend to focus less on his angry rejection of the outside world than on his own fraught internal struggles. By act III, Alceste seems to feel that his love for Ursule is almost supernatural in its power to override his status as 'ennemi juré de la nature humaine'; he imagines that some demon has possessed him or that some 'charme', 'prestige', or 'prodige' has bewitched him (III. 3. 751, 754–55). His language even seems to take on a quasi-tragic ring at times, for example, when he recounts the variety of conflicting passions that he experiences in act II:

> Où vais-je! quel démon me poursuit et m'obsède!
> La rage dans mon cœur à la douleur succède.
> Mille chagrins cuisants l'aigrissent tour-à-tour,
> Et j'y trouve la haine à côté de l'amour.

---

[40] *Timon of Athens*, ed. by Anthony B. Dawson and Gretchen E. Minton (London and New York: Bloomsbury, 2008). In this edition the speech begins at IV. 3. 48.

> Dans l'état où je suis je ne sais plus moi-même,
> Si je vis, si je meurs, si je hais, ou si j'aime.
> (II. 2. 365–70)

Almost until the very end, Alceste's heart remains a battleground for a struggle between love and hatred; even the emotionally intense final act, in which he pleads with Ursule to help ease him out of his misanthropy, is punctuated with insults; he unkindly describes her as a 'traîtresse' who has achieved power over him only through usurpation (III. 6. 970–71), and twice calls her 'perfide'.

To some extent, Alceste's fraught passion for Ursule situates him within a lengthy comic tradition stretching at least from Alidor in Pierre Corneille's *La Place Royale* (1634) to the more openly misanthropic protagonist of Regnard's *Démocrite* (1700) — a tradition of male comic heroes who fear their own susceptibility to love as a threat to their individual autonomy. As becomes clear in his early discussion with Blonzac, Alceste seeks to avoid the indignity of subservience, and subservience to women in particular; the two men even imagine forming a male, homosocial league together against society and all the secrecy, intrigues, slander, and jealousy that they see women sowing in it. Yet there is more to Alceste's unease than his fear of subservience; his ambivalence towards his love for Ursule also reflects his own moral ambivalence more generally. As we have seen, Demoustier gives his Alceste some villainous or morally perverse character traits; since this Alceste explicitly revels in the pleasure of hating humanity, it is all the more of a shock for him to discover that Love has made him 'adorer la vertu' in the form of Ursule (I. 1. 20). Importantly, though, Demoustier makes it clear that love alone will not provide a straightforward antidote for Alceste's misanthropy. At times, indeed, Alceste's love for Ursule only increases his hatred for other people: 'Mais plus mon cœur vers Ursule m'entraîne', he announces, 'Plus contre les humains je sens croître ma haine' (I. 1. 25–26).

In many respects, then, Demoustier presents Alceste's struggle with his love for the virtuous Ursule as a struggle with his own better nature. When Alceste falls at Ursule's feet at the decisive moment of act II, for example, it is not her that he claims to adore, but the virtue she embodies: 'O! vertu, laisse-moi t'adorer' (II. 5. 636). As he reflects at the end of act I, it is indeed her virtues rather than her beauty that enthral him the most: 'Quand je suis auprès d'elle, | Ses vertus me font presque oublier qu'elle est belle' (I. 8. 313–14).

It is also, as we saw earlier, Ursule's example that prompts Alceste to be charitable to the old man; as he puts it, the mere thought of her 'a calmé mes sens: à moi-même rendu, | J'ai senti mon cœur battre, et me suis reconnu' (I. 8. 311–12). Alceste's words here gesture towards another idea that Demoustier deftly weaves into his play in order to motivate his rehabilitation. The playwright frequently uses a rhetoric of 'return' or 'recognition', peppering his play with words prefixed with 're-', such as 'reconnaître' and 'rendre' in the lines above, or, elsewhere, 'il revient' or 'enfin il reviendra', in order to show that Alceste's curmudgeonliness is a provisional state rather than an inherent character trait. While these formulations loosely echo Marmontel's description of Alceste as being 'ramené' out of his misanthropy (p. 43), Demoustier develops the point somewhat more extensively, even gesturing back at points to a hypothetical earlier stage in Alceste's life before he had fallen prey to misanthropy. Ursule hypothesizes at one point, for example, that Alceste's general stance must be a result of some unfortunate past experience: 'Les hommes l'ont trompé, son cœur est devenu | Sans doute un peu farouche à force de vertu' (III. 4. 813–14). Even Alceste acknowledges in passing that that he had not always had such a jaundiced view of society, when he speaks wistfully of Paris as 'Cette ville où jadis tout riait à mes yeux' (II. 3. 399). Yet Demoustier never gives us any clues about what happened to Alceste, even when Ursule directly asks him what 'destin funeste' has produced his warped view of society by plunging his heart 'au milieu des brigands' (II. 5. 583).

These suggestions that Alceste's misanthropy is a stubborn phase born of melancholic disillusionment rather than some innate, incorrigible humour might reflect historical shifts in attitude towards misanthropy since the mid-century. At least two contemporary plays — Sade's *Misanthrope par amour* and Kotzebue's *Misanthropy and Repentance* — diagnose their curmudgeonly heroes' misanthropy as a symptom of frustrated romantic passion, thereby paving the way for a happy marital conclusion with the object of their long-thwarted love. Demoustier's play does something similar, even if, in it, Alceste's misanthropy long predates his love for Ursule and Célimène.

Conclusions

At the same time, Alceste's path to reconciliation with humanity will not prove easy, for reasons both dramatic and psychological. Indeed, Demoustier's choice to demonstrate Alceste's conversion through more dramatic means than Marmontel makes the contradictions within his nature particularly apparent in the final act. The motivations underlying Alceste's changing behaviour in this final act are not always clearly identified. The tone of the final scenes also varies considerably, swinging from the poignancy of Alceste's redemptive act of charity towards the old man to the (brief) physical comedy of his attempts to shake off his savage demeanour and to affect social graces. At times, reflecting his own emotional turmoil, Alceste's language shades into a pseudo-tragic register loosely redolent of Racine, while his frequently broken syntax is a more modern technique, borrowed from Diderot and other partisans of the *drame*. Demoustier continues to make significant use of stage directions in this third act; indeed, he sometimes places some considerable communicative burden onto the actor playing Alceste to give sufficient motivation for his ambivalence and his seemingly implausible swings between praise for Ursule and his various insults.

Already at the end of act II, with the unexpected arrival of Blonzac, the play lurches back into broad comedy and exposes Alceste's jealous readiness to leap to assumptions about Ursule's affections on only the scantest circumstantial evidence. He is plunged into bitter despair at seeing perfidy in someone whose whole demeanour shines with apparently incongruous innocence, and his ironically misplaced disillusionment suddenly unleashes a harsh misogynistic streak in him; he declares that 'Si les hommes sont faux dans le siècle où nous sommes, | Les femmes, grâce au ciel, sont bien dignes des hommes' (II. 7. 656–57), before storming offstage and ending the act. As Alceste's allusion here to men's and women's 'falsity' here implies, all those anxieties about society's duplicity and flattery that had so exercised him in Le Misanthrope now come flooding back. This becomes particularly apparent in his next encounter with Ursule, in act III, scene 6, which curiously echoes a scene not from Marmontel, but from Molière's original — act IV, scene 3 of Le Misanthrope. Like Molière's play, Alceste à la campagne stages a clash between Alceste and the beloved he is accusing of infidelity. In both scenes, Alceste angrily accuses the woman he loves of being 'perfide', and tries to extract from her either an unequivocal confession of love or an unequivocal rejection. When Ursule discreetly refuses to commit herself either way, Alceste angrily treats her as, effectively, a second Célimène, and the very embodiment of a generalized female duplicity:

> C'est par cet art cruel si chéri des coquettes,
> Qu'on vous voit tous les jours étendre vos conquêtes,
> Et que, nous amusant par mille espoirs flatteurs,
> Vous grossissez la cour de vos adorateurs.
> (III. 6. 891–94)

The different ways in which Ursule and Célimène respond to this cognate situation reveal much about their different characters. In Molière's play, the quick-witted Célimène skilfully refuses to directly answer Alceste's interrogations, leading him to end up, ironically, begging her to deceive him. Demoustier's play reverses this irony; here, Alceste is already so deceived by his mistaken assumption that he simply cannot trust Ursule's otherwise palpable innocence and virtue:

> Perfide! avec ces yeux, ce regard innocent,
> Ce sourire ingénu, cet air intéressant,
> De tromper mon amour auriez-vous bien l'audace?
> (III. 6. 881–83)

Somehow, however, Ursule manages to secure Alceste's trust through her shocked near-silence; this prompts Alceste into an impassioned and yet somewhat clumsy speech of self-reflection, pronounced 'avec transport', which ends with his asking for Ursule's help to tone down his gruff exterior and become 'aimable'. As Alceste admits, he constantly risks relapsing into his ingrained curmudgeonly habits: 'Mais moi-même j'ai beau vouloir me corriger, | Je retombe sans cesse et ne puis me changer' (III. 6. 913–14). However much Demoustier suggests that Alceste's curmudgeonliness is more a matter of habit than of true temperament, the character himself is concerned that his misanthropy — his 'maudit caractère', 'âpreté sauvage', and 'rudesse austère' (III. 6. 911–12) — has become second nature.

Alceste's lessons in sociability are, however, soon interrupted by Delaval, who overhears the pair's tender admissions of reciprocal love. At this point, Demoustier's play steers nearer to Marmontel again; Ursule describes the behaviour she intends her husband to adopt, and Alceste consents to each criterion in turn. In Marmontel, we recall, Alceste had initially replied to Ursule each time in the third-person form before resolutely shifting to the first person when admitting that he would not only accompany her to balls but even dance there. Although Demoustier has his Alceste reply in the first person from the start, thus removing the dramatic poignancy of his eventual consent to dance, he makes his protagonist overcome a similar psychological hurdle, but in a more self-reflexively comic vein, by having him consent to accompany Ursule to watch — and even laugh at — the play *Le Misanthrope* itself. Compared to the naturalism of Marmontel's conclusion, the play ends in a very theatrical manner; Blonzac and the old man join the other characters onstage, with Blonzac announcing his (psychologically unmotivated) reconciliation with Alceste and renunciation of any claims to Ursule's hand — despite, in his own metatheatrical terms, having wished to play 'le premier rôle' himself (III. 8. 1007).

In good comic tradition, the final scene reunites all the main characters onstage; only Dubois and Germon are absent. In its emphatic embrace of characters beyond the main triad, Demoustier's conclusion contrasts with Marmontel's more intimate closing conversation between the betrothed couple and Ursule's father. Whereas Marmontel gives the closing words of his narrative to Laval, thus only gesturing towards the full extent of Alceste's conversion, Demoustier has Alceste announce his final change of heart quite emphatically, in a short speech that, in performance at least, became the play's final words. Here he acknowledges that love is inevitable, and hatred both unnatural and unproductive. Yet if the play's conclusion abandons the intimacy of Marmontel's final scene, it also contrasts with the denouement of Molière's original play, where the stage is progressively emptied, first of Célimène's various disabused suitors and her rival Arsinoé, and finally, in the closing moments, of Alceste himself. Even after being abandoned by all her other suitors, the compulsively sociable Célimène had not dared embrace a life of solitude with Alceste; at the end of Demoustier's play, in contrast, Alceste overcomes his own instincts and reconciles himself to a new life of charitable sociability.

Editions

Marmontel's *Le Misanthrope corrigé* first appeared in the *Contes moraux* of 1765 and was republished in subsequent collected editions of the tales until the early nineteenth century, many counterfeit. There are three 1765 editions of the *Contes moraux*, all of which print *Le Misanthrope corrigé* within the same page range, but with minor differences of spelling, accentuation, and pagination; the one I have used as my base text has the BnF classmark YTh.366. This is not an exhaustive list, but it covers the main editions published during Marmontel's lifetime.

Le Misanthrope corrigé, in *Contes moraux par M. Marmontel de l'Academie françoise*, 3 vols (Paris: Merlin, 1765), III, 245–312.

——, *Contes moraux par M. Marmontel, nouvelle édition, corrigée et augmentée, enrichis de Figures en taille-douce*, 3 vols (The Hague: Compagnie, 1775), III, 176–222.

——, *Œuvres complètes de M. Marmontel, historiographe de France, et Secrètaire [sic] perpétuel de l'Académie Françoise. Edition revue et corrigée par l'Auteur*, 17 vols (Paris: Née de la Rochelle, 1787), III, 258–328.

——, *Contes moraux, Nouvelle édition, augmentée de plusieurs contes*, 6 vols ([London?]: [n. pub.], 1795).

After first being published twice in 1798, Demoustier's *Alceste à la campagne, ou le Misanthrope corrigé* was republished only in one later compilation of his plays. Aside from variants on the title page (the spelling of the author's name and the date given for the play's revival), the two 1798 editions show only minor variants of punctuation and (from p. 43 onwards) pagination. The base text that I have used is the first listed here.

Alceste à la campagne, ou, Le misanthrope corrigé, comédie en trois actes en vers, représentée à Paris en 1790, et remise au théâtre en 1793 (Paris: Barba, 1798 [an VI]).

Alceste à la campagne, ou, Le misanthrope corrigé, comédie en trois actes en vers, représentée à Paris en 1790, et remise au théâtre en 1798 (Paris: Barba, 1798 [an VI]).[41]

——, *Alceste à la campagne, ou, Le misanthrope corrigé: comédie en trois actes en vers*, in *Théâtre*, 2 vols (Paris: Renouard, 1804), II, 1–64.

——, *Alceste à la campagne, ou, Le misanthrope corrigé: comédie en trois actes en vers*, in *Théâtre*, 2 vols (Paris: Renouard, 1809), II, 5–68.

---

[41] This edition gives the author's name as 'C. A. Dumoustier'.

Treatment of base texts

The guiding principle of this edition has been ease of reading. Spelling, though not capitalization, has been modernized throughout, except where a modern spelling would affect the versification or rhyme in *Alceste à la campagne*; hence we find 'je voi' for 'je vois' (I. 4. 280; II. 5. 552), and, quite frequently, 'encor' for 'encore'. Punctuation has not, as a rule, been modified, except when this conflicts starkly with English typographical convention. Accordingly, spaces have been omitted before punctuation marks and all ellipses have been rendered as three full stops (accompanied by any other punctuation in the original). My own punctuation marks have been added in square brackets, except in the following case: for ease of legibility I have tacitly amended Marmontel's dialogues to ensure that any punctuation marks in reported speech directly follow the spoken words rather than being tagged on to the end of the clause. Accordingly, the sentence

> Mon pere, que dites-vous d'Alceste, continua Ursule?

becomes, in this edition,

> Mon père, que dites-vous d'Alceste?, continua Ursule.

In terms of page layout, Demoustier's sometimes copious stage directions have occasionally been tacitly rearranged for greater legibility, especially when two or more sets of stage directions are applied to the same line of verse. All other changes to punctuation or layout are indicated in the footnotes.

LE MISANTHROPE CORRIGÉ

On ne corrige point le naturel, me dira-t-on, et j'en conviens; mais entre mille accidents combinés qui composent un caractère, quel œil assez fin démêlera ce naturel indélébile? Et combien de vices et de travers on attribue à la nature, qu'elle ne se donna jamais? Telle est dans l'homme la haine des hommes: c'est un caractère factice, un personnage qu'on prend par humeur[1] et qu'on garde par habitude; mais dans lequel l'âme est à la gêne, et dont elle ne demande qu'à se délivrer. Ce qui arriva au Misanthrope que nous a peint Molière, en est un exemple; et l'on va voir comme il fut ramené.

Alceste mécontent, comme vous savez,[2] de sa maîtresse et de ses juges, détestant la ville et la cour, et résolu à fuir les hommes, se retira bien loin de Paris, dans les Vosges, près de Laval, et sur les bords de la Vologne.[3] Cette rivière, dont les coquillages renferment la perle, est encore plus précieuse par la fertilité qu'elle donne à ses bords. Le vallon qu'elle arrose est une belle prairie. D'un côté s'élèvent de riantes collines, semées de bois et de hameaux; de l'autre s'étendent en plaine de vastes champs couverts de moissons. C'est là qu'Alceste était allé vivre oublié de la nature entière. Libre de soins et de devoirs, tout à lui-même, et enfin délivré du spectacle odieux du monde, il respirait, il louait le Ciel d'avoir rompu tous ses liens. Quelques études, beaucoup d'exercice, les plaisirs peu vifs, mais tranquilles, d'une douce végétation, en un mot, une vie paisiblement active le sauvait de l'ennui de la solitude: il ne désirait, il ne regrettait rien.[4]

Un des agréments de sa retraite fut de voir autour de lui la terre cultivée et

---

[1] *Humeur*: 'se dit aussi d'une certaine disposition du tempérament ou de l'esprit, soit naturelle, soit accidentelle' (*Dictionnaire de l'Académie Française*, 2 vols (Paris, 1762). For reasons of concision, subsequent references to this dictionary will be abbreviated: 'AF 1694' for the first edition, 'AF 1762' for the fourth edition, and 'AF 1798' for the fifth edition). In the *Apologie*, Marmontel had already attributed Alceste's demonstratively misanthropic pronouncements to his 'humour': 'C'est de cet emportement que l'on rit; le Misanthrope a beau le motiver, ce ne peut être qu'un accès d'humeur' (*Apologie*, p. 235).
[2] Marmontel expects his reader to be familiar with Molière's play. At the end of *Le Misanthrope*, Alceste has lost his legal trial and has been turned down by his beloved, the coquettish socialite Célimène; he has also been slandered and accused of having written a scurrilous book, but Marmontel makes no reference to this element of the plot.
[3] Like the other places mentioned in the tale, Laval-sur-Vologne is a genuine location: it is nowadays a commune in the Vosges *département* in north-eastern France.
[4] Like many late-eighteenth-century writers and thinkers, Marmontel presents solitude as a helpful counterbalance to misanthropy. As the Swiss writer Johann Georg Zimmermann puts it, 'Für jede schöne Seele ist Einsamkeit das Gegengift der Misanthropie' [For every beautiful soul, solitude is the antidote to misanthropy]. *Über die Einsamkeit*, 4 vols (Leipzig, 1784), I, 105.

fertile, nourrir un peuple qui lui semblait heureux. Un Misanthrope qui l'est par vertu,[5] ne croit haïr les hommes que parce qu'il les aime: Alceste éprouva un attendrissement mêlé de joie, à la vue de ses semblables, riches du travail de leurs mains. Ces gens-là, dit-il, sont bien heureux d'être encore à demi-sauvages: ils seraient bientôt corrompus s'ils étaient plus civilisés.[6]

En se promenant dans la campagne, il aborda un laboureur qui traçait son sillon et qui chantait. Dieu vous garde, bonhomme, lui dit-il: vous voilà bien gai! Comme de coutume, lui répondit le villageois. — J'en suis bien aise: cela prouve que vous êtes content de votre État.[7] — Jusqu'à présent j'ai lieu de l'être. — Êtes-vous marié? — Oui, grâces au Ciel. — Avez-vous des enfants? — J'en avais cinq; j'en ai perdu un; mais ce malheur peut se réparer. — Votre femme est jeune? — Elle a vingt-cinq ans. — Est-elle jolie? — Elle l'est pour moi; mais elle est mieux que jolie, elle est bonne. — Et vous l'aimez? — Si je l'aime! Et qui ne l'aimerait pas? — Elle vous aime aussi, sans doute? — Oh pour cela de tout son cœur, et comme avant le mariage. — Vous vous aimiez donc avant le mariage? — Sans cela nous serions-nous pris? Et vos enfants, viennent-ils bien? Ah! c'est un plaisir. L'aîné n'a que cinq ans; il a déjà plus d'esprit que son père. Et mes deux filles! C'est cela qui est charmant. Il y aura bien du malheur si celles-là manquent de maris! Le dernier tette encore; mais le petit compère sera robuste et vigoureux. Croiriez-vous bien qu'il bat ses sœurs quand ils veulent baiser leur mère? Il a toujours peur qu'on ne vienne le détacher du téton. — Tout cela est donc bien heureux? — Heureux? Je le crois. Il faut voir la joie, quand je reviens du labourage. On dirait qu'ils ne m'ont vu d'un an: je ne sais auquel entendre. Ma femme est à mon cou, mes filles dans mes bras, mon aîné me saisit les jambes, il n'y a pas jusqu'au petit Jeannot, qui se roulant sur le lit de sa mère,

---

[5] Marmontel's 'irreconcilable enemy' Rousseau had likewise regarded Alceste's apparent hatred for people as born of a frustrated love for them. For Rousseau, Alceste is 'un homme de bien qui déteste les mœurs de son Siècle et la méchanceté de ses contemporains; qui, précisément parce qu'il aime ses semblables, hait en eux les maux qu'ils se font réciproquement et les vices dont ces maux sont l'ouvrage'. See Rousseau, Lettre, p. 34. Although he rejects Rousseau's conception of Alceste as too idealized in the Apologie, Marmontel shares his basic sense that Alceste is, at heart, virtuous and loving. Several writers of the time reflected on the fine dividing line between love and hatred in misanthropy; given Alceste's age in this narrative we might consider Chamfort's claim that 'Tout homme qui, à quarante ans, n'est pas misanthrope, n'a jamais aimé les hommes'. See Sébastien-Roch-Nicolas Chamfort, Maximes, pensées, caractères et anecdotes (London: Deboffe and Baylis, 1796), p. lii.

[6] Again, Marmontel is thinking along similar lines to Rousseau. The notion that civilization brings with it corruption had been a key refrain in Rousseau's writings, particularly in his Discours sur l'origine et les fondements de l'inégalité parmi les hommes (1754), although he had argued that the social rot had set in long before the stage of civilization we see depicted in Le Misanthrope corrigé: 'ce sont le fer et le bled qui ont civilisé les hommes, et perdu le Genre-humain' (Œuvres complètes, III, 171). We will see Alceste praising the 'inculte simplicité' of this 'société primitive' (p. 45), in true Rousseauist fashion.

[7] For Marmontel's innovative use of the dialogue form, see the Introduction (p. 9).

me tend ses petites mains; et moi je ris, et je pleure, et je les baise; car tout cela m'attendrit. — Je le crois. — Vous devez le sentir, car sans doute vous êtes père? Je n'ai pas ce bonheur. — Tant pis: il n'y a que cela de bon. — Et comment vivez-vous? — Fort bien: d'excellent pain, de bon laitage, et des fruits de notre verger. Ma femme, avec un peu de lard, fait une soupe aux choux dont le Roi mangerait. Nous avons encore les œufs de nos poules; et le Dimanche nous nous régalons et nous buvons un petit coup de vin. — Oui, mais quand l'année est mauvaise? — On s'y est attendu, et l'on vit doucement de ce qu'on a épargné dans la bonne. — Il y a encore la rigueur du temps, le froid, la pluie, les chaleurs que vous avez à soutenir. — On s'y accoutume; et si vous saviez quel plaisir on a de venir le soir respirer le frais après un jour d'été; ou l'hiver, se dégourdir les mains au feu d'un bonne bourrée, entre sa femme et ses enfants! et puis on soupe de bon appétit, et on se couche; et croyez-vous qu'on se souvienne du mauvais temps? Quelquefois ma femme me dit: Mon bonhomme, entends-tu le vent et l'orage? Ah, si tu étais dans les champs! — Je n'y suis pas, je suis avec toi, lui dis-je; et pour l'en assurer, je la presse contre mon sein. Allez, Monsieur, il y a bien du beau monde qui ne vit pas aussi content que nous. — Et les impôts? — Nous les payons gaiement: il le faut bien. Tout le pays ne peut pas être noble. Celui qui nous gouverne et celui qui nous juge ne peuvent pas venir labourer. Ils font notre besogne, nous faisons la leur; et chaque état, comme on dit, a ses peines. Quelle équité, dit le Misanthrope![8] voilà en deux mots toute l'économie de la société primitive. O nature! il n'y a que toi de juste: c'est dans ton inculte simplicité qu'on trouve la saine raison. Mais en payant si bien le tribut, ne donnez-vous pas lieu de vous charger encore? — Nous en avions peur autrefois; mais, dieu-merci, le Seigneur du lieu nous a ôté cette inquiétude. Il fait l'office de notre bon Roi: il impose: il reçoit lui-même, et au besoin il fait les avances. Il nous ménage comme ses enfants.[9] — Et quel est ce galant homme? — Le Vicomte de Laval. Il est assez connu: tout le pays le considère. — Réside-t-il dans son château? — Il y passe huit mois de l'année. — Et le reste? — A Paris, je crois. — Voit-il du monde? — Les Bourgeois de Bruyeres, quelquefois aussi nos vieillards qui vont manger sa soupe et causer avec lui. — Et de Paris, n'amène-t-il personne? — Personne que sa fille. — Il a bien raison. Et à quoi s'occupe-t-il? — A nous juger, à nous accorder, à marier nos enfants, à maintenir la paix dans les familles, à les aider quand les temps sont mauvais. Je veux[,] dit Alceste, aller voir son village: cela doit être intéressant.

Il fut surpris de trouver les chemins, même les chemins de traverse, bordés

---

[8] Like Rousseau in the *Lettre à d'Alembert*, Marmontel sometimes refers to Alceste as 'le Misanthrope' despite having misgivings about the value of the label.

[9] This opening evocation of Laval brings together his literal function (as provincial administrator) with his two symbolic roles, as father and God. When he is shortly referred to as 'notre bon Seigneur, notre père à tous', the repetition of 'Seigneur' shortly after the 'dieu-merci' helps to reinforce his quasi-divine role.

de haies, et tenus avec soin; mais ayant rencontré des gens occupés à les aplanir, Ah, dit-il, voilà les corvées.[10] Les corvées! reprit un vieillard qui présidait à ces travaux, on ne les connaît point ici: ces gens-là sont payés: l'on ne contraint personne. Seulement, s'il vient au village un vagabond, un fainéant, on me l'envoie, et s'il veut du pain il en gagne, ou il en va chercher ailleurs. — Et qui a établi cette heureuse police? — Notre bon Seigneur, notre père à tous. — Et les fonds de cette dépense, qui les fait? — La communauté[,] et comme elle s'impose elle-même, il n'arrive pas ce qu'on voit ailleurs, que le riche s'exempte à la charge du pauvre. Alceste redoubla d'estime pour l'homme sage et bienfaisant qui gouvernait ce petit peuple. Qu'un Roi serait puissant, disait-il, et qu'un État serait heureux, si tous les grands propriétaires suivaient l'exemple de celui-ci![11] Mais Paris absorbe et les biens et les hommes: il dépouille, il envahit tout.

Le premier coup d'œil lui présenta l'image de l'aisance et de la santé. Il entre dans un bâtiment simple et vaste, dont la structure a l'apparence d'un édifice public, et il y trouve une foule d'enfants, de femmes, de vieillards occupés à des travaux utiles. L'oisiveté n'était permise qu'à l'extrême faiblesse. L'enfance, presque au sortir du berceau, prenait l'habitude et le goût du travail, et la vieillesse au bord de la tombe, y exerçait encore ses tremblantes mains. La saison où la terre se repose rassemblait à l'atelier les hommes vigoureux, et alors la navette, la scie et la hache donnaient aux productions de la nature une nouvelle valeur. Je ne m'étonne pas, dit Alceste, que ce peuple soit exempt de vices et de besoins: il est laborieux et sans cesse occupé.[12] Il demanda comment l'atelier s'était établi. Notre bon Seigneur, lui dit-on, en a fait les avances. C'était peu de chose d'abord, et tout se faisait à ses risques, à ses frais et à son profit; mais après s'être bien assuré qu'il y avait de l'avantage, il nous a cédé l'entreprise: il ne se mêle plus que de la protéger; et tous les ans il donne au village les instruments de quelqu'un de nos arts: c'est le présent qu'il fait à la première noce qui se célèbre dans l'année. Je veux voir cet homme-là, dit Alceste, son caractère me convient.

---

[10] A feudal privilege of French landowners during the *Ancien Régime*, the *corvée* required those living on the land to devote time to menial work, typically fixing the roads in the region. It was one of the main grievances that led to the French Revolution, and it was one of the first feudal privileges to be abolished (in August 1789). Laval's rejection of this unpopular practice already confirms him as an enlightened ruler.

[11] Marmontel presents Laval's governance of the region as a political ideal, one that strengthens the ruler's power while making the subjects happy; as we shall see later, however, Alceste is right to reflect that such a system is the exception rather than the rule.

[12] Rousseau also stresses the importance of work as a means of occupying people's physical and emotional energies and preventing them from succumbing to the vices that come from alienation and dissatisfaction. 'L'état d'homme à ses plaisirs, qui dérivent de sa nature, et naissent de ses travaux, de ses rapports, de ses besoins; et ces plaisirs, d'autant plus doux que celui qui les goûte à l'âme plus saine, rendent quiconque en sait jouir peu sensible à tous les autres. Un Pére, un fils, un Mari, un Citoyen, ont des devoirs si chers à remplir, qu'ils ne leur laissent rien à dérober à l'ennui' (*Lettre*, p. 15).

Il s'avance dans le village, et il remarque une maison où l'on va et vient avec inquiétude. Il demande la cause de ces mouvements; on lui dit que le chef de cette famille est à l'extrémité. Il entre, et il voit un vieillard qui d'un œil expirant mais serein, semble dire adieu à ses enfants, qui fondent en larmes autour de lui. Il distingue au milieu de la foule un homme attendri, mais moins affligé, qui les encourage et qui les console. A son habit simple et sérieux,[13] il le prend pour le Médecin du village. Monsieur, lui dit-il, ne vous étonnez pas de voir ici un inconnu. Ce n'est point une oisive curiosité qui m'amène. Ces bonnes gens peuvent avoir besoin de secours dans un moment si triste; et je viens... Monsieur, lui dit le Vicomte, mes paysans vous rendent grâce; j'espère, tant que je vivrai, qu'ils n'auront besoin de personne; et si l'argent pouvait prolonger les jours d'un homme juste, ce digne père de famille serait rendu à ses enfants. Ah, Monsieur, dit Alceste, en reconnaissant M. de Laval à ce langage, pardonnez une inquiétude que je ne devrais point avoir. Je ne m'offense point, reprit M. de Laval, qu'on me dispute une bonne œuvre; mais puis-je savoir qui vous êtes et ce qui vous amène ici? Au nom d'Alceste il se rappela ce censeur de l'humanité dont la rigueur était connue;[14] mais sans en être intimidé, Monsieur, lui dit-il, je suis fort aise de vous avoir dans mon voisinage, et si je puis vous être bon à quelque chose, je vous supplie de disposer de moi.

Alceste alla voir M. de Laval, et il en fut reçu avec cette honnêteté simple et sérieuse qui n'annonce ni le besoin, ni le désir de se lier. Voilà, dit-il, un homme qui ne se livre pas. Je l'en estime davantage.[15] Il félicita M. de Laval sur les agréments de sa solitude. Vous venez vivre ici, lui dit-il, loin des hommes, et vous avez bien raison de le fuir! — Moi, Monsieur! je ne fuis point les hommes. Je n'ai ni la faiblesse de les craindre, ni l'orgueil de les mépriser, ni le malheur de les haïr. Cette réponse tombait si juste, qu'Alceste en fut déconcerté. Mais il voulut soutenir son début, et il commençait la satire du monde.[16] J'ai vécu dans le monde comme un autre, lui dit M. de Laval; et je n'ai pas vu qu'il fût

---

[13] This brief misunderstanding, based on Laval's modest clothing and his very presence in the house, highlights both Laval's modesty and his solicitude for his vassals, two things stereotypically deemed quite uncharacteristic of provincial aristocrats.

[14] It is not made clear how news of Alceste's reputation as a 'censeur' has reached Laval's ears, although the latter's frequent stays in Paris make this knowledge less implausible. In Molière's play, Alceste is nowhere described as a 'censeur', a term which is more frequently associated with the 'prude' Arsinoé.

[15] Laval's practices of sociability contrast with those of the social world depicted in Molière's play, where strangers — such as Oronte — are quick to establish somewhat hyperbolic bonds of friendship with each other on the flimsiest of pretexts. Conversely, it is because of Laval's reticence to make friends that Alceste respects him still further — which places Alceste, ironically, in the role that Oronte had occupied when trying to win Alceste's friendship in *Le Misanthrope* (I. 2).

[16] Ironically, Alceste seeks to establish friendship with Laval by satirizing absent others — that is, by adopting exactly the technique that Célimène had used with her salon guests in Molière's play (II. 4).

si méchant. Il y a des vices et des vertus, du bien et du mal, je l'avoue, mais la nature est ainsi mêlée: il faut savoir s'en accommoder.[17] Ma foi, dit Alceste, dans ce mélange le bien est si peu de chose, et le mal domine à tel point, que celui-ci étouffe l'autre. Hé, Monsieur, reprit le Vicomte, si l'on se passionnait sur le bien comme sur le mal, qu'on mît la même chaleur à le publier, et qu'il y eût des affiches pour les bons exemples, comme il y en a pour les mauvais, doutez-vous que le bien n'emportât la balance? Mais la reconnaissance parle si bas, et la plainte déclame si haut, qu'on n'entend plus que la dernière. L'estime et l'amitié sont communément modérées dans leurs éloges: elles imitent la modestie des gens de bien en les louant; au lieu que le ressentiment et l'injure exagèrent tout à l'excès. Ainsi l'on n'entrevoit le bien que par un milieu qui le diminue, et l'on voit le mal à travers une vapeur qui le grossit.

Monsieur, dit Alceste au Vicomte, vous me faites désirer de penser comme vous; et quand j'aurais pour moi la triste vérité, votre erreur serait préférable. — Hé, oui sans doute: l'humeur n'est bonne à rien. Le beau rôle à jouer pour un homme, que de se dépiter comme un enfant, et que d'aller seul dans un coin, bouder tout le monde; et pourquoi? Pour les démêlés du cercle où l'on vit: comme si la nature entière était complice et responsable des torts dont nous sommes blessés! — Vous avez raison, dit Alceste: il serait injuste de rendre les hommes solidaires, mais combien de griefs n'a-t-on pas à leur reprocher en commun? Croyez, Monsieur, que ma prévention a des motifs sérieux et graves. Vous me rendrez justice quand vous me connaîtrez. Permettez-moi de vous voir souvent. Souvent, cela est difficile, dit le Vicomte: je suis fort occupé; et ma fille et moi nous avons nos études qui nous laissent peu de loisirs; mais quelquefois, si vous voulez, nous jouirons du voisinage, à notre aise et sans nous gêner: car le privilège de la campagne c'est de pouvoir être seul quand on veut.

Cet homme-ci est rare dans son espèce, disait Alceste en s'en allant. Et sa fille, qui nous écoutait avec l'air d'une vénération si tendre pour son père? Cette fille élevée sous ses yeux, accoutumée à une vie simple, à des mœurs pures et à des plaisirs innocents, fera une femme estimable, ou je suis bien trompé; à moins, reprit-il, qu'on ne l'égare dans ce Paris où tout se perd.

Si l'on se peint la délicatesse et le sentiment personnifiés, on a l'idée de la beauté d'Ursule (c'était ainsi qu'on appelait Mademoiselle de Laval). Sa taille était celle que l'imagination donne à la plus jeune des Grâces.[18] Elle avait dix-

---

[17] In his readiness to 'accommodate' others' failings, Laval clearly resembles Molière's phlegmatic Philinte, who claims that 'Je prends, tout doucement, les Hommes comme ils sont; | J'accoutume mon Âme à souffrir ce qu'ils font' (*Le Misanthrope*, I. 1. 163-64). Unlike Philinte, who holds that vices are 'unis à l'Humaine Nature' (I. 1. 174), however, Laval is prepared to recognize and praise the good in people.

[18] The Graces were minor Greek divinities representing charm, nature, and fertility; in most versions of the myth the youngest is Aglaea, the goddess of splendour, beauty, and adornment.

huit ans accomplis; et à la fraîcheur, à la régularité de ses charmes, on voyait que la nature venait d'y mettre la dernière main. Dans le calme les lys de son teint dominaient sur les roses; mais à la plus légère émotion de son âme, les roses effaçaient les lys. C'était peu d'avoir le coloris des fleurs, sa peau en avait la finesse et ce duvet si doux, si velouté que rien encore n'avait terni. Mais c'est dans les traits du visage d'Ursule que mille agréments variés sans cesse, se développaient successivement. Dans ses yeux, tantôt une langueur modeste, une timide sensibilité semblait émaner de son âme et s'exprimer par ses regards; tantôt une sévérité noble, et imposante avec douceur, en modérait l'éclat touchant; et l'on y voyait dominer tour à tour la sévère décence, la craintive pudeur, la vive et tendre volupté. Sa voix et sa bouche étaient de celles qui embellissent tout; ses lèvres ne pouvaient se remuer sans déceler de nouveaux attraits; et lorsqu'elle daignait sourire, son silence même était ingénieux. Rien de plus simple que sa parure, et rien de plus élégant. A la campagne elle laissait croître ses cheveux d'un blond cendré de la plus douce teinte, et des boucles que l'art ne tenait point captives, flottaient autour de son cou d'ivoire, et se roulaient sur son beau sein.

Le Misanthrope lui avait trouvé l'air le plus honnête, et le maintien le plus décent. Ce serait dommage, disait-il, qu'elle tombât en de mauvaises mains: il y a de quoi faire une femme accomplie. En vérité, plus j'y pense, et plus je m'applaudis d'avoir son père pour voisin: c'est un homme droit, un galant homme: je ne lui crois pas l'esprit bien juste; mais il a le cœur excellent.[19]

Quelques jours après, M. de Laval en se promenant lui rendit sa visite; et Alceste lui parla du plaisir qu'il devait avoir à faire des heureux. C'est un bel exemple, ajouta-t-il, et à la honte des hommes, un exemple bien rare! Combien de gens plus riches et plus puissants que vous, ne sont qu'un fardeau pour les peuples! Je ne les excuse ni ne les blâme tous, répondit M. de Laval. Pour faire le bien, il faut le pouvoir, et quand on le peut il faut savoir s'y prendre. Et ne croyez pas qu'il soit si facile de parvenir à l'opérer. Il ne suffit pas d'être assez habile; il faut encore être assez heureux; il faut trouver à manier des esprits justes, sensés, dociles; et l'on a souvent besoin de beaucoup d'adresse et de patience pour amener le peuple, naturellement défiant et craintif, à ce qui lui est avantageux. Vraiment, dit Alceste, c'est l'excuse qu'on donne; mais la croyez-vous bien solide? et des obstacles que vous avez vaincus, ne peut-on pas aussi les vaincre? J'ai été, dit M. de Laval, sollicité par l'occasion et secondé par les circonstances. Ce peuple, nouvellement conquis,[20] se croyait perdu sans

---

[19] Alceste's judgement of Laval — as someone whose heart is in the right place but who is intellectually misguided — will later be echoed by Laval himself, when he tells him that 'vous avez le cœur bon; et quoique nos caractères ne soient pas les mêmes, je n'y vois rien d'incompatible, peut-être même se ressemblent-ils plus que vous n'imaginez' (p. 63).
[20] Vosges formed part of the duchy of Lorraine, a region that passed back and forth between French and foreign powers for much of the seventeenth and eighteenth centuries. In 1666,

ressource; et dès que je lui ai tendu les bras, son désespoir l'y a précipité. A la merci d'une imposition arbitraire, il en avait conçu tant d'effroi, qu'il aimait mieux souffrir les vexations que d'annoncer un peu d'aisance. Les frais de la levée aggravaient l'impôt; ces bonnes gens en étaient excédées; et la misère était l'asile où les jetait le découragement. En arrivant ici j'y trouvai établie cette maxime désolante et destructive des campagnes: *Plus nous travaillerons, plus nous serons foulés.* Les hommes n'osaient être laborieux, les femmes tremblaient de devenir fécondes. Je remontai à la source du mal. Je m'adressai à l'homme préposé pour la perception[21] du tribut. Monsieur, lui dis-je, mes vassaux gémissent sous le poids des contraintes: je ne veux plus en entendre parler. Voyons ce qu'ils doivent encore de l'imposition de l'année; je viens ici pour les acquitter. Monsieur, me répondit le Receveur,[22] cela ne se peut pas. Pourquoi donc, lui dis-je? — Ce n'est pas la règle. — Quoi! la règle n'est-elle pas de payer au Roi le tribut qu'il demande? de le payer au moins de frais possible, et avec le moins de délai? — Oui, dit-il, c'est le compte du Roi; mais ce n'est pas le mien. Et où en serais-je si l'on payait comptant? Les frais sont les droits de ma charge. A une si bonne raison je n'avais point de réplique, et sans insister, j'allai voir l'Intendant.[23] Je vous demande deux grâces, lui dis-je: l'une; qu'il me soit permis tous les ans de payer la taille pour mes vassaux; l'autre, que leur rôle n'éprouve que les variations de la taxe publique. J'obtins ce que je demandais.[24]

Mes enfants, dis-je à mes paysans que j'assemblai à mon arrivée, je vous annonce que c'est dans mes mains que vous déposerez à l'avenir le juste tribut que vous devez au Roi. Plus de vexations, plus de frais. Tous les dimanches, au banc de la paroisse, vos femmes viendront m'apporter leurs épargnes, et insensiblement vous serez acquittés. Travaillez, cultivez vos biens, faites-les valoir au centuple; que la terre vous enrichisse; vous n'en serez pas plus chargés: je vous en réponds, moi qui suis votre père.[25] Ceux qui manqueront, je les aiderai; et quelques journées de la morte saison,[26] employées à mes travaux, me rembourseront mes avances.

Ce plan fut agréé, et nous l'avons suivi. Nos ménagères ne manquent pas de m'apporter leur petite offrande. En la recevant je les encourage, je leur parle de

---

when Molière's play appeared, it was under the control of Charles V, duke of Lorraine; the region definitively fell under French sovereignty only gradually between 1737 and 1766.

[21] *Perception*: 'Recette, recouvrement de deniers, de fruits, de revenus, etc.' (*AF* 1762).

[22] *Receveur*: administrative official charged with collecting payments on behalf of the king.

[23] *Intendant*: provincial administrator, appointed by or on behalf of the king.

[24] Loosely anticipating the episode involving Blonzac (pp. 53–54), this anecdote demonstrates Laval's readiness to use his own wealth and connections to positive ends.

[25] Even if Laval himself insists that he is only a medium between his vassals and the king, Marmontel is clearly once again presenting Laval as a quasi-divine paternal figure, both through familial imagery ('enfants', 'père') and through the location (the parish).

[26] *Morte saison*: 'Temps où l'Artisan ne travaille pas, parce qu'il manque d'ouvrage' (*AF* 1798).

notre bon Roi; elles s'en vont les larmes aux yeux: ainsi, j'ai fait un acte d'amour de ce qu'ils regardaient avant moi comme un acte de servitude.

Les corvées eurent leur tour, et l'Intendant qui les détestait et qui ne savait comment y remédier, fut enchanté du moyen que j'avais pris pour en exempter mon village.

Enfin, comme il y avait ici bien du temps superflu et des mains inutiles, j'ai établi l'atelier que vous avez pu voir. C'est le bien de la Communauté; elle l'administre sous mes yeux; chacun y travaille à la tâche; mais ce travail n'est pas assez payé pour détourner de celui des campagnes. Le cultivateur n'y emploie que le temps qui serait perdu. Le profit qu'on en tire est un fond qui s'emploie à contribuer à la milice et aux frais des travaux publics. Mais un avantage plus précieux de cet établissement, c'est d'avoir fait naître des hommes. Lorsque les enfants sont à charge, on n'en fait qu'autant qu'on en peut nourrir; mais dès qu'au sortir du berceau, ils peuvent se nourrir eux-mêmes, la nature se livre à son attrait sans réserve et sans inquiétude. On cherche des moyens de population; il n'en est qu'un: c'est la subsistance, l'emploi des hommes. Comme ils ne naissent que pour vivre, il faut leur assurer de quoi vivre en naissant.[27]

Rien de plus sage que vos principes, rien de plus vertueux que vos soins; mais avouez, reprit le Misanthrope, que ce bien, tout important qu'il est, n'est pas d'une difficulté qui décourage ceux qui l'aiment; et que s'il y avait des hommes comme vous... — Dites plutôt s'ils étaient placés. J'ai eu pour moi les circonstances, et c'est de-là que tout dépend. On voit le bien, on l'aime, on le veut; mais les obstacles naissent à chaque pas. Il n'en faut qu'un pour l'empêcher; et au lieu d'un il s'en élève mille. J'étais ici fort à mon aise: pas un homme en crédit n'était intéressé au mal que j'avais à détruire; et combien peu s'en est-il fallu que je n'aie pu y remédier? supposez qu'au lieu d'un Intendant traitable, il m'eût fallu voir, persuader, fléchir un homme absolu, jaloux de son pouvoir, entier dans ses opinions, ou dominé par les conseils de ses préposés subalternes; rien de tout ceci n'avait lieu: on m'eut dit de ne pas m'en mêler, et de laisser aller les choses. Voilà comme la bonne volonté reste souvent si infructueuse dans la plupart des gens de bien. Je sais que vous n'y croyez guère; mais il y a dans vos préventions plus d'humeur que vous ne pensez.[28]

Alceste vivement affecté de ce reproche, de la part d'un homme dont l'estime était pour lui d'un si grand prix, tâcha de se justifier. Il lui parla du procès qu'il avait perdu, de la coquette qui l'avait trahi, et de tous les sujets de plainte qu'il croyait avoir contre l'humanité.

---

[27] Especially in the light of high mortality rates, received opinion tended — at least until the publication of Thomas Malthus's *Essay on the Principle of Population* (1798) — to equate the strength and success of a nation with the size of its population.

[28] Laval's insistence on Alceste's 'humeur' here — and shortly — alludes back to, and reinforces, the thrust of the opening paragraph, thus subtly linking Alceste and the narrator in the reader's mind.

En effet, lui dit le Vicomte, voilà bien de quoi se fâcher! Vous allez choisir entre mille femmes une étourdie qui s'amuse et qui vous joue, comme de raison; vous prenez au plus grave cet amour dont elle fait un badinage; à qui la faute? et quand elle aurait tort, toutes les femmes lui ressemblent-elles[?] Quoi! parce qu'il y a des fripons parmi les hommes, en sommes-nous pour cela moins honnêtes gens vous et moi? Dans l'individu qui vous nuit[29] vous haïssez l'espèce![30] Il y a de l'humeur, mon voisin, il y a de l'humeur, convenez-en.

Vous avez perdu un procès que vous croyiez juste; mais un plaideur, s'il est de bonne foi, ne croit-il pas toujours avoir la bonne cause? Êtes-vous seul plus désintéressé, plus infaillible que vos juges? Et s'ils ont manqué de lumières, sont-ils criminels pour cela? Moi, Monsieur, quand je vois un homme se dévouer à un état qui a beaucoup de peines et très peu d'agréments, qui impose aux mœurs toute la gêne des plus austères bienséances, qui demande une application sans relâche, un recueillement sans dissipation, où le travail n'a aucun salaire, où la vertu même est presque sans éclat;[31] quand je les vois environnés du luxe et des plaisirs d'une ville opulente, vivre retirés, solitaires, dans la frugalité, la simplicité, la modestie des premiers âges, je regarde comme un sacrilège l'injure faite à leur équité. Or, telle est la vie de la plupart des juges que vous accusez si légèrement. Ce ne sont pas quelques étourdis, que vous voyez voltiger dans le monde, qui règlent la balance des lois. En attendant qu'ils soient devenus sages, ils ont du moins la pudeur de se taire devant des sages consommés. Ceux-ci se trompent quelquefois sans doute, parce qu'ils ne sont pas des anges; mais ils sont moins hommes que nous,[32] et je ne me persuaderai jamais qu'un vieillard vénérable, qui dès le point du jour se traîne au palais d'un pas chancelant, y va commettre une injustice.

A l'égard de la Cour, il y a tant d'intérêts si compliqués et si puissants, qui se croisent et se combattent, qu'il est naturel que les hommes y soient plus

---

[29] The original text gives 'unit'; I have corrected this.

[30] Laval's diagnosis of Alceste's misanthropy echoes Plato's argument that misanthropy derives from 'trusting someone implicitly without sufficient knowledge. You think the man is perfectly true and sound and trustworthy, and afterwards you find him base and false. Then you have the same experience with another person. By the time this has happened to a man a good many times, especially if it happens among those whom he might regard as his nearest and dearest friends, he ends by being in continual quarrels and by hating everybody and thinking there is nothing sound in any one at all' (*Phaedo*, in *Euthyphro, Apology, Crito, Phaedo, Phaedrus*, trans. and ed. by Harold North Fowler (London: Heinemann; Cambridge, MA: Harvard University Press, 1966), pp. 309–11. In both cases, the misanthrope mistakenly judges all of humanity on the basis of a very limited experience.

[31] This idea will prove to be key in the reasoning of both Laval and his daughter and disciple Ursule: virtue is not absent in society, but it is easy to overlook because it does not draw attention to itself.

[32] This formulation seems less odd when we consider that Laval is opposing 'hommes' to 'anges', such that being 'moins hommes' is a good thing.

passionnés et plus méchants qu'ailleurs.³³ Mais ni vous ni moi n'avons passé par ces grandes épreuves de l'ambition et de l'envie; et il n'a tenu peut-être qu'à très peu de chose que nous n'ayons été, comme tant d'autres, de faux amis et d'indignes flatteurs. Croyez-moi, Monsieur, peu de gens ont le droit de faire la police du monde.³⁴

Tous les honnêtes gens ont ce droit-là, dit Alceste; et s'ils venaient à se liguer, les méchants n'auraient pas dans le monde tant d'audace et tant de crédit. Quand cette ligue se formera, dit M. de Laval en s'en allant, nous nous y enrôlerons tous deux. Jusque-là, mon voisin, je vous conseille de faire sans bruit, dans votre petit coin, le plus de bien que vous pourrez, en prenant pour règle l'amour des hommes, et en réservant la haine pour de tristes exceptions.

C'est bien dommage, dit Alceste, quand M. de Laval fut parti, que la bonté soit toujours accompagnée de faiblesse, tandis que la méchanceté a tant de force et de vigueur! C'est bien dommage, dit M. de Laval, que cet honnête homme ait pris un travers qui le rend inutile à lui-même et aux autres! Il a de la droiture, il aime la vertu; mais la vertu n'est qu'une chimère sans l'amour de l'humanité. Ainsi tous deux en s'estimant, étaient mécontents l'un de l'autre.

Un incident assez singulier mit Alceste encore plus mal à son aise avec M. de Laval. Le Baron de Blonzac, franc Gascon, homme d'honneur, mais avantageux,³⁵ et Misanthrope à sa manière, avait épousé une Chanoinesse de Remiremont,³⁶ parente du Vicomte. Sa garnison était en Lorraine. Il vint voir M. de Laval; et soit pour s'amuser, soit pour corriger deux Misanthropes l'un par l'autre, M. de Laval voulut les mettre aux prises.³⁷ Il envoya prier Alceste à dîner.

Entre hommes, les propos de table roulent assez souvent sur la politique; le Gascon, dès la soupe, se mit à fronder et à boire d'autant. Je ne m'en cache point, disait-il: j'ai pris le monde en aversion. Je voudrais être à deux mille lieues de mon pays, et à deux mille ans de mon siècle. C'est le pays des compères et des

---

³³ Rather than deny the presence of wickedness and vice at court, Laval offers a broadly sociological explanation for its prevalence in the world that Alceste has chosen to flee. Elsewhere, Ursule will apply a comparable reasoning to explain the presence of deception amongst the lower classes too (p. 56).
³⁴ A similar sentiment is expressed in the *Apologie*: 'ce n'est le devoir d'aucun particulier d'exercer la Police du Monde' (p. 240). At various impassioned moments in *Le Misanthrope*, Alceste effectively adopts the role of judge, insisting for example that 'on devroit châtier, sans pitié, | Ce Commerce honteux de Semblants d'Amitié' (I. 1. 67–68), or that writing poor poetry deserves death by hanging.
³⁵ *Avantageux*: 'signifie quelquefois, Confiant, présomptueux, qui cherche à prendre avantage sur les autres, qui se prévaut de la facilité des autres, et qui en abuse' (*AF* 1762).
³⁶ *Remiremont*: another town in the Vosges region.
³⁷ After evidence of his charity and practical virtue, we now see a new, more playful dimension to Laval's character — although morally instructive goals remain at the forefront of his mind.

commères;³⁸ c'est le siècle des passe-droits.³⁹ L'intrigue et la faveur ont fait les parts, et n'ont oublié que le mérite. Qui fait sa cour obtient toutes les grâces, et qui fait son devoir n'a rien. Moi, par exemple, qui n'ai jamais su que marcher où l'honneur m'appelle, et me battre comme un soldat, je suis connu de l'ennemi; mais au diable si le Ministre ni la Cour savent que j'existe. S'ils entendaient parler de moi, ils me prendraient pour un de mes aïeux; et quand on leur dira qu'un boulet de canon m'aura escamoté la tête, ils demanderont, je gage, s'il y avait encore des Blonzacs. Que ne vous montrez-vous, lui dit M. de Laval? Il ne faut pas se laisser oublier. — Hé vraiment, Monsieur le Vicomte, je me montre un jour de bataille. Est-ce à Paris que sont les drapeaux?

Comme il parlait ainsi, on apporte à M. de Laval des lettres de Paris. Il demande à les lire, pour savoir, dit-il, s'il y a quelque chose de nouveau; et l'une de ces lettres lui annonce que le commandement d'une Citadelle, qu'il sollicitait pour M. de Blonzac a son insu, vient de lui être accordé. Tenez, lui dit-il, voilà qui vous regarde.⁴⁰ Blonzac lut, tressaillit de joie, et vint embrasser le Vicomte; mais après la sortie qu'il avait faite, il n'osait dire ce qui lui arrivait. Alceste croyant trouver en lui un second, ne manqua pas de le provoquer. Hé bien, dit-il, voilà un exemple des injustices qui me révoltent: un homme de naissance, un bon militaire, après avoir servi l'État, reste oublié, sans récompense; et qu'on me dise que tout va bien. Mais, reprit Blonzac, il faut être juste: tout ne va pas aussi mal qu'on le dit. Les récompenses se font un peu attendre; mais elles viennent avec le temps. Ce n'est pas la faute du Ministre s'il y a plus de services rendus qu'il n'y a de grâces à répandre; et dans le fond il y fait ce qu'il peut. Alceste fut un peu surpris de ce changement de langage, et du ton d'apologiste que prit Blonzac le reste du dîner. Ça, dit le Vicomte, pour vous mettre d'accord, buvons à la santé de M. le Commandant; et il publia ce qu'il venait d'apprendre. Je demande pardon à Monsieur, dit Alceste, d'avoir insisté sur ses plaintes: je ne savais pas les raisons qu'il avait de se rétracter. — Moi! dit Blonzac, je n'ai point de rancune, et je reviens comme un enfant. Vous voyez, reprit M. de Laval, qu'un Misanthrope se ramène. Oui, réplique Alceste avec vivacité, quand il règle ses sentiments sur son intérêt personnel. Hé, Monsieur, dit Blonzac, connaissez-vous quelqu'un qui se passionne pour ce qui ne le touche ni de près ni de loin? Tout ce qui intéresse l'humanité, reprit Alceste, touche de près un homme vertueux; et ne doutez pas qu'il ne s'en trouve d'assez amis de l'ordre,

---

³⁸ 'On dit proverbialement, *Tout se fait par compère et par commère*, pour dire, que Tout se fait par faveur et par rapport aux liaisons qu'on a' (*AF* 1762).

³⁹ *Passe-droit*: 'Grâce qu'on accorde à quelqu'un contre le droit et contre l'usage ordinaire, sans tirer à conséquence' (*AF* 1762).

⁴⁰ Laval has been working behind the scenes here to arrange Blonzac's promotion, and the timing of the letters' arrival is a happy coincidence for him, and instrumental for the narrative. If the narrator and Laval are in league, this episode suggests that Marmontel as author is also giving Laval a helping Providential hand.

pour haïr le mal comme mal, sans aucun rapport à eux-mêmes. Je le croirai, répliqua le Gascon, quand je verrai quelqu'un s'inquiéter de ce qui se passe à la Chine; mais tant qu'on ne s'affligera que du mal dont on se ressent, ou dont on peut se ressentir, je croirai qu'on pense à soi-même, en ayant l'air de s'occuper des autres. Pour moi, je suis de bonne foi: je ne me suis jamais donné pour l'avocat des mécontents. C'est à chacun de plaider sa cause. Je me suis plaint quand j'avais à plaindre, je fais ma paix avec le monde, sitôt que j'ai à m'en louer.

Autant la scène de Blonzac avait impatienté Alceste, autant elle avait réjoui M. de Laval et sa fille. Voilà, disaient-ils, une bonne leçon qu'a reçu notre Misanthrope.

Soit confusion, soit ménagement, il fut quelques jours sans les voir. Il revint pourtant une après-midi. Le Vicomte était au village: ce fut Mademoiselle Laval qui le reçut; et en se voyant seul avec elle, il lui prit un saisissement qu'il eut peine à dissimuler.

Nous n'avons pas eu l'honneur de vous voir, lui dit-elle, depuis la visite de M. de Blonzac; que dites-vous de ce personnage? — Mais, c'est un homme comme un autre. — Pas tant comme un autre: il parle à cœur ouvert, il dit ce que les autres cachent; et cette franchise fait, ce me semble, un caractère assez singulier. — Oui, Mademoiselle, la franchise est rare; et je suis bien aise de voir qu'à votre âge vous en êtes persuadée. Vous aurez souvent besoin de vous en souvenir, je vous en avertis. Ah! dans quel monde vous allez tomber! M. le Vicomte l'excuse de son mieux; sa belle âme fait au reste des hommes l'honneur d'en juger d'après elle; mais si vous saviez combien la plupart sont dangereux et haïssables! Vous, par exemple, dit Ursule en souriant, vous avez bien à vous en plaindre, n'est-ce pas? — Épargnez-moi de grâce, et ne m'attribuez pas les personnalités de M. Blonzac.[41] Je pense comme lui à certains égards; mais nos motifs ne sont pas les mêmes. — Je le crois; mais expliquez-moi ce que je ne puis concevoir. Le vice et la vertu, m'a-t-on dit, ne sont que des rapports. L'un est vice parce qu'il nuit aux hommes; l'autre est vertu par le bien qu'elle fait. — Précisément. — Haïr le vice, aimer la vertu, ce n'est donc que s'intéresser aux hommes, et pour s'y intéresser il faut les aimer. Comment pouvez-vous à la fois vous y intéresser et les haïr?[42] — Je m'intéresse aux gens de bien que j'aime; et je déteste les méchants qui nuisent aux gens de bien; mais les gens de bien

---

[41] Whether because of a printer's oversight or out of personal frustration, Alceste dismissively drops the particle 'de' from Blonzac's name.
[42] Marmontel had used much the same reasoning when discussing Alceste in his *Apologie*: 'Comment est-il donc si touché des désordres d'un monde où il n'aime rien? Il hait le vice, il aime la vertu; mais le vice et la vertu ne sont rien de réel, que relativement aux hommes. Que lui importe la guerre des vautours, si la société n'a plus de colombes?' (pp. 243–44). In both works, Marmontel thus manages to tease out a substratum of compassion from Alceste's very misanthropy.

sont en petit nombre, et le monde est plein de méchants. — Nous y voilà. Votre haine au moins ne s'étend pas sur tous les hommes. Mais croyez-vous que ceux que vous aimez soient partout en si petit nombre? Faisons ensemble un voyage en idée. Le voulez-vous bien? — Assurément. — D'abord dans les campagnes, n'êtes-vous pas persuadé qu'il y a des mœurs, et sinon des vertus, au moins de la simplicité, de la bonté, de l'innocence? — Il y a aussi communément de la défiance et de la ruse. — Hélas, je conçois aisément ce que mon père a dit plus d'une fois: que la ruse et la défiance sont le partage de la faiblesse. On les trouve dans les villageois, comme dans les femmes et dans les enfants. Ils ont tout à craindre; ils échappent, ils se défendent comme ils peuvent; et c'est le même instinct qu'on remarque dans la plupart des animaux. Oui, dit Alceste, et cela même fait la satyre des animaux cruels et ravissants dont ils ont à se garantir. — Je vous entends; mais nous ne parlons que du peuple des campagnes, et vous avouerez avec moi qu'il est plus digne de pitié que de haine. — Oh, j'en conviens. — Passons aux villes, et prenons pour exemple Paris. — Dieu! quel exemple vous choisissez! — Hé bien, même dans ce Paris, le peuple est bon: mon père le fréquente; il va souvent dans ces réduits obscurs où des pauvres familles entassées gémissent dans le besoin; il dit qu'il y trouve une pudeur, une patience, une honnêteté, quelquefois même une noblesse de sentiments qui l'attendrit et qui l'étonne. — Et c'est là ce qui doit révolter contre ce monde impitoyable qui délaisse la vertu souffrante, et qui environne avec respect le vice heureux et insolent. — N'allons pas si vite: nous en sommes au peuple. En général convenez qu'il est bon, docile, officieux, honnête, et que sa bonne foi lui donne une confiance dont on abuse bien souvent. — Oh très souvent! — Vous aimez donc le peuple? et partout le peuple fait le plus grand nombre. — Il n'est pas le même partout. — Nous ne parlons que de notre patrie: c'est avec elle, quant à présent, que je veux vous réconcilier. Venons au grand monde, dites-moi d'abord si mon père m'en a imposé, quand il m'a peint les mœurs des femmes. Comme leurs devoirs, dit-il, se renferment dans l'intérieur d'une vie privée, leurs vertus n'ont rien de saillant; il n'y a que leurs vices qui éclatent; et la folie d'une seule fait plus de bruit que la sagesse de mille autres. Ainsi le mal est en évidence, et le bien reste enseveli.[43] Mon père ajoute qu'un moment de faiblesse, une imprudence perd une femme, et que cette tache a quelquefois terni mille excellentes qualités. Il avoue enfin que le vice qu'on reproche le plus aux femmes, et qui leur fait le plus de tort, ne nuit guère qu'à elles seules, et qu'il n'y a pas de quoi les haïr. Du reste, que nous reprochez-vous? un peu de fausseté? mais elle est toute en agrément. Instruite dès l'enfance à chercher à vous plaire, nous n'avons soin de vous cacher que ce qui ne vous plairait pas. Si nous nous

---

[43] Ursule's reasoning reflects what modern psychologists call the 'salience' or 'availability error': people overestimate the prevalence of some phenomenon because of the readiness with which it comes to mind.

déguisons, ce n'est que sous des traits que vous aimez mieux que les nôtres. Et savez-vous que rien n'est plus gênant, que rien n'est plus humiliant pour nous? Je suis jeune; mais je sens bien que le plus bel acte de notre liberté, c'est de nous montrer telles que nous sommes; que trahir son âme et se désavouer, c'est de tous les actes de servitude celle qui dégrade le plus; et qu'il faut faire à l'amour de soi-même la plus pénible violence, pour s'avilir jusqu'au mensonge et jusqu'à la dissimulation? Voilà en quoi je trouve qu'une femme est esclave; et c'est un joug qu'on nous a imposé. — Si toutes les femmes pensaient aussi noblement que vous, belle Ursule, elles ne se feraient pas si légèrement, et de gaieté de cœur, un jeu de nous tromper. — Si elles vous trompent c'est votre faute. Vous êtes pour nous comme des Rois: persuadez-nous bien que vous n'aimez rien tant que la vérité, qu'elle seule vous plaît et vous touche, et nous vous la dirons toujours. Quelle est l'ambition d'une femme? D'être aimable et d'être aimée.[44] Hé bien, écrivez sur la pomme, *A la plus sincère*; toutes se la disputeront par le naturel et la simplicité. Mais vous avez écrit, *A la plus séduisante*; et c'est à qui vous séduira le mieux. Quant à nos jalousies, à nos petites haines, à nos caquets, à nos tracasseries; tout cela n'est qu'amusant pour vous; et vous conviendrez que vos guerres sont de toute autre conséquence. Il n'y a donc plus que la frivolité de nos goûts et de nos humeurs; mais quand il vous plaira nous serons plus solides; et peut-être même y a-t-il bien des femmes qui ont saisi, comme à la dérobée, des lumières et des principes que l'usage leur enviait. Vous en êtes la preuve, lui dit Alceste, vous dont l'âme est si fort au-dessus de votre sexe et de votre âge. — Je suis jeune, reprit Ursule, et j'ai droit à votre indulgence; mais ce n'est pas de moi qu'il s'agit, c'est du monde que vous fuyez, que vous haïssez sans bien savoir pourquoi. J'ai essayé l'apologie des femmes; je laisse à mon père le soin d'achever celle des hommes; mais je vous préviens qu'en me faisant le tableau de leur société, il m'a souvent dit qu'il y avait presque aussi peu de cœurs pervers que d'âmes héroïques, et que le grand nombre était composé de gens faibles, de bonnes gens qui ne demandaient que paix et aise. — Oui, paix et aise, chacun pour soi, et aux dépens de qui il appartient. Le monde, Mademoiselle, n'est composé que de dupes et de fripons:[45] or, personne ne veut être dupe; et pour ne parler que de ce qui vous touche, je vous annonce que tout ce qu'il y a dans Paris d'hommes oisifs et dans l'âge de plaire, n'est occupé le matin au soir qu'à

---

[44] Ursule's words here, like her later pronouncement about 'le plus grand des biens, celui d'aimer et d'être aimée' (p. 58), closely echo Madame de Chartres's belief in *La Princesse de Clèves* that 'ce qui seul peut faire le bonheur d'une femme [...] est d'aimer son mari et d'en être aimée'. See La Fayette, *Œuvres complètes*, ed. by Roger Duchêne (Paris: Bourin, 1990), p. 274.

[45] In *Le Misanthrope*, Alceste had divided the world into villains and their indulgent abettors: the 'méchants et malfaisants' and those who are 'aux Méchants, complaisants' (I. 1. 119–20). Here, in contrast, Alceste opposes the wicked to their victims, although he clearly has little sympathy for the latter.

tendre des pièges aux femmes. Bon! dit Ursule,[46] elles le savent, et mon père est persuadé que ce combat de galanterie d'un côté, et de coquetterie de l'autre, n'est qu'un jeu dont on est convenu. Se met qui veut de la partie: celles qui n'aiment pas le jeu n'ont qu'à se tenir dans leur coin; et rien, dit-il, n'est moins en péril que la vertu quand elle est sincère. — Vous le croyez? — Je le crois si bien, que si jamais je cesse d'être sage, je vous déclare d'avance que je l'aurai bien voulu. — Sans doute, on le veut, mais on le veut séduite par un enchanteur qui vous le fait vouloir. C'est encore une excuse à laquelle des-à-présent je renonce: je n'ai pas foi aux enchantements.

Ils en étaient là, quand M. de Laval arriva de la promenade. Mon père, que dites-vous d'Alceste?, continua Ursule.[47] Il veut que je tremble d'être exposée dans le monde à la séduction des hommes. Mais, dit le père, il faut s'en défier: je ne te crois pas infaillible. — Non, mais vous le serez pour moi; et si vous me perdez de vue, vous savez ce que vous m'avez promis. — Je tâcherai de te tenir parole. — Puis-je être de la confidence? demanda Alceste d'un air timide. Il n'y a pas de mystère, reprit Ursule. Mon père a eu la bonté de m'instruire de mes devoirs; et s'il pouvait me guider sans cesse, je serais bien sûre de ne pas m'égarer: si je m'oubliais, il ne m'oublierait pas; accoutumé à lire dans mon âme, il en réglerait tous les mouvements; mais comme il n'aura pas toujours les yeux sur moi, il m'a promis un autre guide, un époux qui soit son ami et le mien, et qui me tienne lieu d'un père. — Ajoute encore, et d'un amant; car il faut de l'amour à une jeune femme. Je veux que tu sois sage, mais que tu sois heureuse; et si j'avais eu l'imprudence de te donner un mari qui ne t'aimât point, ou qui n'eut pas su te plaire, je n'aurais plus le droit de trouver mauvais que l'envie de goûter le plus grand des biens, celui d'aimer et d'être aimée te fît oublier mes leçons.

Alceste s'en alla charmé de la sagesse d'un si bon père, et plus encore de la candeur, de l'honnêteté de sa fille. On a distingué, disait-il, l'âge d'innocence et l'âge de raison; mais dans cet heureux naturel l'innocence et la raison s'unissent. Son âme s'épure en s'éclairant. Ah! s'il y avait encore un homme digne de cultiver des dons si précieux, quelle source de jouissances délicieuses pour lui! Il n'y a que ce monde rempli d'écueils, dont il faudrait la tenir éloignée. Mais si elle aimait, que serait-il pour elle? Un époux vertueux et tendre[48] lui suffirait, lui tiendrait lieu de tout.[49] J'ose croire qu'à vingt-cinq ans j'étais l'homme qui lui convenait... A vingt-cinq ans! et que savais-je alors? m'amuser,

---

[46] My punctuation; the original has an exclamation mark.
[47] My punctuation; following Marmontel's standard practice in his dialogues, the original leaves the question mark until after 'continua Ursule'. See 'Treatment of base texts' above.
[48] The original has a comma, which I have removed.
[49] This fantasy of the marital unit (accompanied, at times, by a benevolent father) as an idyllically self-sufficient micro-society recurs throughout the rest of the tale. See the Introduction.

m'égarer moi-même? Étais-je en état de remplir la place d'un père sage et vigilant? Je l'aurais aimée comme un fou; mais quelle confiance lui aurais-je inspirée? Ce n'est peut-être pas trop encore de quinze ans de plus d'expérience. Mais de dix-huit à quarante ans, l'intervalle est effrayant pour elle.[50] Il n'y a pas moyen d'y penser.

Il y pensa toute la nuit; le lendemain il ne fit autre chose; et le jour suivant à son réveil, la première idée qui s'offrit à lui fut celle de son aimable Ursule. Ah, quel malheur, disait-il, quel malheur, si elle prenait les vices du monde! Son âme est pure comme sa beauté. Quelle douceur dans le caractère! quelle touchante simplicité dans les mœurs et dans le langage! On parle d'éloquence; en est-il de plus vraie? Il lui était impossible de me convaincre, mais elle m'a persuadé. J'ai désiré de penser comme elle: j'aurais voulu que l'illusion qu'elle me faisait ne se fût jamais dissipée. Que n'ai-je sur elle, ou plutôt sur son père, ce doux empire qu'elle a sur moi! Je les engagerais à vivre ici dans la simplicité des mœurs de la nature. Et quel besoin aurions-nous du monde? Ah! trois cœurs bien unis, deux amants et un père, n'ont-ils pas dans l'intimité d'une tendresse mutuelle, de quoi se rendre pleinement heureux?[51]

Sur le soir, en se promenant, ses pas se tournèrent comme d'eux-mêmes vers les jardins de M. de Laval. Il le trouva la serpette à la main, au milieu de ses espaliers. Avouez, lui dit-il, que ces plaisirs tranquilles valent bien les plaisirs bruyants que l'on goûte, ou que l'on croit goûter à Paris. Chaque chose a sa saison, répondit le Vicomte. J'aime la campagne tant qu'elle est vivante; je suis inutile à Paris, et mon village a besoin de moi; j'y jouis de moi-même et du bien que j'y fais; ma fille s'y plaît et s'y amuse; voilà ce qui m'attire et me retient ici. Ne croyez pas du reste que j'y vive seul. Notre petite ville de Bruyeres est remplie d'honnêtes gens qui aiment les lettres et qui les cultivent. En aucun lieu du monde on n'a de mœurs plus douces. On y est poli avec franchise; on y est simple, mais cultivé. La candeur, la droiture et la gaieté sont le caractère de ce peuple aimable: il est social, humain, bienfaisant. L'hospitalité est une vertu que le père y transmet à son fils. Les femmes y sont spirituelles

---

[50] Although *Le Misanthrope* specifies Célimène's age (twenty), Molière gives no indication of how old Alceste is meant to be. Molière himself was forty-three when he first played Alceste; three years earlier he had established Arnolphe (in *L'École des femmes*) as forty-two, and so may well have conceived Alceste as of a comparable age. With his 'grande raideur des Vertus des vieux Âges' (I. 1. 153), Molière's Alceste is 'old' on a symbolic rather than necessarily on a literal level. By establishing over two decades between Alceste and Ursule, Marmontel creates a potential obstacle to their relationship, but also further highlights the quasi-paternal role he constructs for Ursule's future husband.
[51] Alceste's idyllic fantasy of an idealized, self-sufficient trio of virtuous people is clearly reminiscent — albeit loosely — of the trio of Saint-Preux, Julie, and Julie's older husband Wolmar in Rousseau's *La Nouvelle Héloïse*. In this tale, however, the metaphorical father figure (Wolmar) will be replaced by a literal father, who gives his blessing to the marriage of the lovers.

et vertueuses; et la société embellie par elles, unit les charmes de la décence aux agréments de la liberté. Mais en jouissant d'un si doux commerce, je ne laisse pas d'aimer encore Paris; et si l'amitié, l'amour des lettres, des liaisons que je chéris ne m'y rappelaient pas, le seul attrait de la variété m'y ramènerait tous les ans. Les plaisirs les plus vifs languissent à la longue, et les plus doux deviennent insipides pour qui ne sait pas le varier. Je conçois pourtant bien, dit le Misanthrope, comment une société peu nombreuse intimement liée, avec de l'aisance et de la vertu, se tiendrait lieu de tout[52] à elle-même; et si un parti convenable à Mademoiselle de Laval, n'avait d'autre inconvénient que de la fixer à la campagne, je suis persuadé que vous-même... Hé vraiment, dit M. de Laval, si ma fille y pouvait être heureuse, je ferais mon bonheur du sien: cela n'est pas douteux. Il y a cinquante ans que je vis pour moi; il est bien temps que je vive pour elle. Mais nous n'en sommes pas réduits-là. Ma fille aime Paris, et je suis assez riche pour l'y établir décemment.

C'était en dire assez pour Alceste; et de peur de se dévoiler, il remit l'entretien sur le jardinage, en demandant à M. de Laval s'il ne cultivait pas des fleurs? Elles passent trop vite, répondit le Vicomte. Le plaisir et le regret se touchent, et l'idée de la destruction mêle je ne sais quoi de triste au sentiment de la jouissance. En un mot, j'ai plus de chagrin à voir un rosier dépouillé, que de joie à le voir fleuri. La culture du potager a un intérêt plus gradué, plus soutenu, et, s'il faut le dire, plus satisfaisant, car il se termine à l'utile. Tandis que l'art s'exerce et se fatigue à varier les scènes du jardin fleuriste, la nature change elle-même les décorations du potager. Combien ces pêchers, par exemple, ont éprouvé de métamorphoses, depuis la pointe des feuilles jusqu'à la pleine maturité des fruits! Mon voisin, parlez-moi des plaisirs qui s'économisent et qui se prolongent. Ceux qui, comme les fleurs, n'ont qu'un jour, coûtent trop à renouveler.[53]

Instruit des dispositions du père, Alceste voulut pressentir celles de sa fille; et il lui fut aisé d'avoir avec elle un entretien particulier. Plus je pénètre, lui dit-il, dans le cœur de votre père, plus je l'admire et le chéris. Tant mieux, dit Ursule: son exemple adoucira vos mœurs; il vous réconciliera avec ses semblables. — Ses semblables! Ah qu'il en est peu! C'est pour lui sans doute une faveur du ciel d'avoir une fille comme vous, belle Ursule; mais c'est un bonheur aussi rare d'avoir un père comme lui. Puisse l'époux que Dieu vous destine être digne de l'un et de l'autre! Faites des vœux, dit-elle en souriant, pour qu'il ne soit

---

[52] Alceste had previously used much the same phrase when considering that a suitable husband could be 'tout' for Ursule (p. 58); he has now started to extend his fantasy of self-sufficiency to include a few select others beyond Ursule herself.
[53] Laval's preference for fruits over flowers reflects his practical, utilitarian attitude. Decorative but functionless, cultivated flowers resemble the sorts of dangerous supplement to nature that Rousseau decries as prompting the onset of civilization. We should recall, though, that Laval has also brought up his daughter, whose own complexion is compared to flowers (lilies and roses).

pas Misanthrope: les hommes de ce caractère sont trop difficiles à corriger. Aimeriez-vous mieux, dit Alceste, un de ces hommes froids et légers que tout amuse et que rien n'intéresse; un de ces hommes faibles et faciles que la mode plie et façonne à son gré, qui sont de cire pour les mœurs du temps, et dont l'usage est la loi suprême? Un Misanthrope aime peu de monde; mais quand il aime il aime bien. — Oui, je sens qu'une telle conquête est flatteuse pour la vanité; mais je suis bonne et je ne suis pas vaine. Je ne veux trouver dans un cœur tout à moi, ni de l'aigreur, ni de l'amertume; je veux pouvoir lui communiquer la douceur de mon caractère, et ce sentiment de bienveillance universelle qui me fait voir les hommes et les choses du côté le plus consolant. Je ne saurais passer ma vie à aimer un homme qui passerait la sienne à haïr. — Ce que vous me dites-là n'est pas obligeant, car on m'accuse d'être Misanthrope. — Aussi est-ce d'après vous-même et d'après vous seul que j'ai pris l'idée de ce caractère:[54] car l'humeur de M. de Blonzac n'était qu'une bouderie; et vous avez vu combien peu de chose il a fallu pour le ramener; mais une haine de l'humanité réfléchie et fondée en principes, est une chose épouvantable;[55] et c'est ce que vous annoncez. Je suis persuadée que votre aversion pour le monde n'est qu'un travers, un excès de vertu:[56] vous n'êtes pas méchant, vous êtes difficile; et je vous crois aussi peu indulgent pour vous-même que pour autrui; mais cette probité trop sévère et trop impatiente, vous rend insociable; et vous m'avouerez qu'un mari ce de cette humeur-là ne serait pas amusant? — Vous voulez donc qu'un mari vous amuse? — Et qu'il s'amuse, reprit-elle, des mêmes choses que moi; car si le mariage est une société de peines, il faut que ce soit en revanche une société de plaisirs.

Rien de plus clair et de plus positif, se dit Alceste après leur entretien: elle ne m'aurait pas dit plus nettement sa pensée quand elle aurait deviné la mienne. Voilà pour moi et pour mes pareils un congé expédié d'avance. Aussi de quoi vais-je m'aviser? J'ai quarante ans, je suis libre et tranquille; il ne tient qu'à moi d'être heureux... Heureux! et puis-je l'être seul avec une âme si sensible? Je fuis les hommes! ah! c'était les femmes, les jolies femmes qu'il fallait fuir. Je croyais les connaître assez pour n'avoir plus à les craindre; mais qui peut s'attendre à ce qui m'arrive? Il faut, pour mon malheur, qu'au fond d'une province, je trouve la beauté, la jeunesse, les grâces, la sagesse, la vertu même réunies dans un même objet. Il semble que l'amour me poursuive, et qu'il ait fait exprès cette enfant pour me confondre et pour me désoler. Et comme elle s'y prend pour

---

[54] Unlike her father, who already knows of Alceste by reputation, Ursule insists that she is not influenced by external judgements of Alceste.
[55] Rousseau claims that a genuine hatred of the whole human race would be 'une dépravation de la Nature et le plus grand de tous les vices. [...] Le vrai Misanthrope est un Monstre. S'il pouvoit exister, il ne feroit pas rire, il feroit horreur' (*Lettre*, p. 34).
[56] Marmontel had also spoken of Alceste's 'excess of virtue' in the *Apologie*: 'Le Misanthrope déraisonne et devient ridicule, non pas dans sa vertu, mais dans l'excès où elle donne' (p. 235). The notion that virtue could ever be excessive is, of course, anathema to Rousseau.

troubler mon repos! Je déteste les airs; rien de plus simple qu'elle: je méprise la coquetterie; elle ne songe pas même à plaire: j'aime, j'adore la candeur; son âme se montre toute nue: elle me dit à moi-même en face les plus cruelles vérités. Que ferait-elle de plus si elle avait résolu de me tourner la tête? Elle est bien jeune; elle changera: répandue dans ce monde qu'elle aime, elle en prendra bientôt les mœurs; et il est à croire qu'elle finira par être une femme comme une autre... Il est à croire! ah! je ne le crois pas; et si je le croyais je serais trop injuste. Elle fera le bonheur et la gloire de son époux, s'il est digne d'elle. Et moi, je vivrai seul, détaché de tout, dans l'abandon et le néant; car, il faut l'avouer, l'âme est anéantie sitôt qu'elle n'aime plus rien. Que dis-je? hélas! si je n'aimais plus, ce repos, ce sommeil de l'âme serait-il effrayant pour moi? Flatteuse idée d'un plus grand bien, c'est toi, c'est toi qui me fais sentir le vide et l'ennui de moi-même. Ah! pour chérir toujours ma solitude, il eût fallu n'en jamais sortir.

Ces réflexions et ces combats le plongèrent dans une tristesse qu'il crut devoir ensevelir. Huit jours écoulés, le Vicomte surpris de ne pas le revoir, envoya savoir s'il n'était point malade. Alceste répondit qu'en effet il n'était pas bien depuis quelque temps. L'âme sensible d'Ursule fut affectée de cette réponse. Elle avait eu depuis son absence quelque soupçon de la vérité; elle en fut plus persuadée, et se reprocha de l'avoir affligé. Allons le voir, lui dit le Vicomte: son état me fait pitié. Ah, ma fille! la triste et pénible résolution que celle de vivre seul, et de se suffire à soi-même! L'homme est trop faible pour la soutenir.

Lorsqu'Alceste vit Mademoiselle de Laval entrer chez lui pour la première fois, il lui sembla que sa demeure se transformait en un temple. Il fut saisi de joie et de respect; mais l'impression de la tristesse altérait encore tous ses traits. Qu'est-ce donc, Alceste, lui dit M. de Laval? Je vous trouve affligé: et vous prenez ce moment pour me fuir! Nous croyez-vous de ces gens-là qui n'aiment pas les visages tristes, et qu'il faut toujours aborder en riant? Quand vous serez tranquille et satisfait, restez chez vous, à la bonne heure;[57] mais quand vous avez quelque peine, c'est avec moi qu'il faut venir ou vous plaindre ou vous consoler. Alceste attendri l'écoutait, et l'admirait en silence. Oui, lui dit-il, je suis frappé d'une idée qui me poursuit et qui m'afflige: je ne veux ni ne dois vous le dissimuler. Le ciel m'est témoin qu'après avoir renoncé au monde, je ne regrettais rien, quand je vous ai connu. Depuis, je sens que je me livre à la douceur de votre commerce; que mon âme s'attache à vous par tous les liens de l'estime et de l'amitié; et que lorsqu'il faudra les rompre, hélas! peut-être pour jamais, cette retraite que j'aurais chérie, ne sera plus qu'un tombeau pour moi. Ma résolution est donc prise, de ne pas attendre que le charme d'une liaison si douce, achève de me rendre odieuse la solitude où je dois vivre; et en vous révérant, en vous aimant l'un et l'autre comme deux êtres dont la nature doit

---

[57] 'On dit aussi adverbialement, À la bonne heure, pour dire, Hé bien soit, voilà qui est bien' (*AF* 1762).

s'honorer et dont le monde n'est pas digne, je vous supplie de permettre que je vous dise un éternel adieu. Alors prenant les mains du Vicomte, et les baisant avec respect, il les arrosa de ses larmes. Je ne vous verrai plus, Monsieur, ajouta-t-il, mais je vous chérirai toujours.

Vous êtes fou! lui dit M. de Laval, et qui nous empêche de vivre ensemble si ma société vous convient? Vous avez pris le monde en aversion: c'est un travers; mais je vous le passe: je n'en suis pas moins persuadé que vous avez le cœur bon; et quoique nos caractères ne soient pas les mêmes, je n'y vois rien d'incompatible, peut-être même se ressemblent-ils plus que vous n'imaginez. Pourquoi donc prendre une résolution qui vous afflige et qui m'affligerait? Vous prévoyez avec douleur le moment de nous séparer; il ne tient qu'à vous de nous suivre. Rien de plus facile que de vivre à Paris, libre, isolé, détaché du monde. Ma société n'est point tumultueuse; elle sera la vôtre; et je vous promets de ne vous faire voir que des gens que vous estimerez. Vos bontés me pénètrent, lui dit Alceste, et je sens tout ce que je dois à des soins si compatissants. Il n'y a rien dans tout cela que de très simple, reprit le Vicomte: tel que vous êtes, vous me convenez: je vous estime, je vous plains, et si je vous livre à votre mélancolie, vous êtes un homme perdu. Ce serait dommage; et l'état où vous êtes ne me permet pas de vous abandonner. Dans un mois je quitte la campagne; J'ai une place[58] à vous donner; et soit à titre d'amitié, soit à titre de reconnaissance, j'exige que vous l'acceptiez. Ah, dit Alceste, que ne m'est-il possible! Avez-vous, lui demanda le Vicomte, quelque obstacle qui vous arrête? Si votre fortune était dérangée, je me flatte que vous n'êtes pas homme à rougir de me l'avouer. Non, dit Alceste; je suis plus riche qu'un garçon n'a besoin de l'être. J'ai dix mille écus de rente, et je ne dois rien. Mais un motif plus sérieux me retient ici: je vous en ferai juge. — Venez donc souper avec nous et j'achèverai, si je puis, de dissiper tous ces nuages.

Vous vous faites une hydre, lui dit-il en chemin, de ce que vous avez vu de vicieux et de méchant dans le monde. Voulez-vous éprouver à quoi se réduit cette classe d'hommes qui vous effraye? faites-en ce soir avec moi une liste; et je vous défie de nommer cent personnes que vous ayez droit de haïr. — O ciel! j'en nommerais mille. — Nous allons voir. Souvenez-vous seulement d'être juste et de bien établir vos griefs. — Vraiment ce n'est pas sur des faits articulés que je les juge, mais sur la masse de leurs mœurs. C'est par exemple l'orgueil que je condamne dans les uns, c'est la bassesse dans les autres. Je leur reproche l'abus des richesses, du crédit, de l'autorité, un amour exclusif d'eux-mêmes, une insensibilité cruelle pour les malheurs et les besoins d'autrui: et quoique ces vices

---

[58] *Place*: 'se prend figurément pour la dignité, la charge, l'emploi qu'une personne occupe dans le monde' (*AF* 1762). Unlike with the favour he bestows on Blonzac, Laval does not specify what the particular nature of this 'place' is. Alceste had, we might note, rejected the possibility of a position at court when Arsinoé offered this in *Le Misanthrope* (III. 5).

de toute la vie n'aient pas des traits assez marqués pour exclure formellement un homme du nombre des honnêtes gens, ils m'autorisent à le bannir du nombre de ceux que j'estime et que j'aime. Dès qu'on se jette dans le vague, dit le Vicomte, on déclare tant que l'on veut; mais on s'expose à être injuste. Notre estime est un bien dont nous ne sommes que dépositaires, et qui appartient de droit à celui qui en est digne: notre mépris est une peine qu'il dépend de nous d'infliger, mais non pas selon nos caprices; et chacun de nous, en jugeant son semblable, lui doit l'examen qu'il exigerait si c'était lui qu'on allait juger: car en fait[59] de mœurs, la censure publique est un tribunal où nous siégeons tous, mais où nous sommes tous cités; or, qui de nous consent qu'on l'y accuse sur de vagues présomptions, et qu'on l'y condamne sans preuve? Consultez-vous, et voyez en vous-même si vous observez bien la première des lois.

Alceste marchait les yeux baissés et soupirait profondément. Vous avez dans l'âme, lui dit le Vicomte, quelque plaie profonde à laquelle je n'atteins pas. Je ne combats que vos opinions, et c'est peut-être à vos sentiments qu'il est besoin d'apporter remède.

A ces mots, ils arrivent au château de Laval, et soit pénétration, soit ménagement, Ursule s'éloigne et les laisse ensemble.

Monsieur, dit Alceste au Vicomte, je vais vous parler comme à un ami de vingt ans: vos bontés m'y engagent et mon devoir m'y oblige. Il n'est que trop vrai qu'il faut que je renonce à ce qui faisait la consolation et le charme de ma vie, au plaisir de vous voir et de vivre avec vous. Un autre userait de détour et rougirait de rompre le silence; mais je ne vois rien dans mon malheur que je doive dissimuler. Je n'ai pu voir avec indifférence ce que la nature a formé de plus accompli: je l'avoue au père d'Ursule, et je le supplie de l'oublier après avoir reçu mes adieux. Comment, dit le Vicomte, c'est là ce grand mystère! Hé-bien, voyons, vous êtes amoureux: y a-t-il de quoi vous désoler? Ah! je voudrais bien l'être encore, et loin d'en rougir je m'en glorifierais. Allons, il faut tâcher de plaire, être bien tendre, bien complaisant: on est encore aimable à votre âge; peut-être serez-vous aimé. — Ah, Monsieur, vous ne m'entendez pas. — Pardonnez-moi, je crois vous entendre: n'est-ce pas d'Ursule que vous êtes épris? — Hélas, oui, Monsieur. — Hé bien, qui vous empêche d'essayer au moins si son cœur sera touché des sentiments du vôtre? — Quoi, Monsieur! vous m'autorisez!... — Pourquoi non? vous me croyez bien difficile! Vous avez de la naissance, une fortune honnête, et si ma fille y consent, je ne vois pas ce qui peut m'arriver de mieux. Alceste tomba confondu aux genoux du Vicomte. Vos bontés m'accablent, lui dit-il, Monsieur, mais elles me sont inutiles. Mademoiselle de Laval m'a déclaré qu'un Misanthrope lui était odieux; et c'est l'idée qu'elle a de mon caractère. — A cela ne tienne: vous en changerez. — Je ne saurais m'abaisser à feindre. — Vous ne feindrez point, ce sera tout de bon que

---

[59] Original: 'en faits'.

vous vous réconcilierez avec les hommes. Vous ne serez pas le premier ours[60] que les femmes auront apprivoisé.

Le soupé servi on se mit à table, et jamais M. de Laval n'avait été de si belle humeur. Allons, mon voisin, disait-il, égayez-vous: rien n'embellit comme la joie. Alceste encouragé s'anima: il fit l'éloge le plus touchant du commerce intime des âmes qu'unit le goût du bien, l'amour du vrai, le sentiment du juste et de l'honnête. Quel attrait, disait-il, n'ont-elles pas l'une pour l'autre! avec quelle effusion elles se communiquent! quel accord et quelle harmonie elles forment en s'unissant! Je ne trouve ici que deux de mes semblables; hé bien, c'est le monde pour moi. Mon âme est pleine, je souhaiterais pouvoir fixer mon existence dans cet état délicieux, ou que ma vie fût une chaîne d'instants pareils à celui-ci. — Je gage, reprit le Vicomte, que si le ciel vous prenait au mot vous seriez fâché de n'avoir pas demandé davantage. — Je l'avoue, et si j'étais digne de former encore un désir... — Ne l'ai-je pas dit? Voilà l'homme. Il a toujours à désirer. Nous sommes trois; il n'y a pas un de nous qui ne souhaite quelque chose: qu'en dis-tu, ma fille? Pour moi, je l'avoue, je demande au ciel avec ardeur un mari que tu aimes, et qui te rende heureuse. — Je lui demande aussi, dit-elle, un mari qui m'aide à vous rendre heureux. — Et vous, Alceste? — Et moi, si je l'osais, je demanderais à être ce mari. Voilà trois vœux, dit M. de Laval, qui pourraient bien n'en faire qu'un.

J'ai déjà laissé entrevoir qu'Ursule avait conçu pour Alceste de l'estime et de la bienveillance: le soin qu'elle avait pris d'adoucir son humeur l'annonçait; mais ce ne fut que dans ce moment qu'elle sentit combien ce caractère, qu'il faut ou aimer ou haïr,[61] l'avait sensiblement touchée.

Hé quoi! dit son père après un long silence, nous voilà tous trois interdits! qu'Alceste, à quarante ans, soit confus d'avoir fait une déclaration à une demoiselle de dix-huit ans, cela est à sa place; qu'Ursule en rougisse, qu'elle baisse les yeux, et qu'elle garde un modeste silence, je trouve encore cela tout naturel; mais moi qui ne suis que simple confident, pourquoi suis-je aussi

---

[60] Because of their shared reputation as solitary and aggressive, early modern misanthropes are often presented as resembling bears; Regnard's unsociable philosopher Démocrite, for example, is described as being part-man part-bear; see in Jean-François Regnard, *Théâtre français*, ed. by Sabine Chaouche and others, 3 vols (Paris: Garnier, 2015), II: *Démocrite*, ed. by Joseph Harris, pp. 15–152 (II. 1. 491). In Demoustier's play, too, Alceste will be told that 'l'homme n'est pas fait pour vivre comme un ours' (II. 4. 516). Rousseau — who was nicknamed 'ours' by Madame d'Épinay and others — was particularly aware of his reputation as 'un misanthrope, un animal farouche, un Ours' (*Œuvres complètes*, I, 536), and sometimes even cultivated this image by wearing a bearskin hat. It may also be worth noting that the decidedly non-misanthropic heroine's name 'Ursule' comes from the Latin for 'little bear'.

[61] Marmontel's bold formulation here is quite striking, especially given the nuance of the preceding discussions about human fallibility, and the awareness of the ambivalence of Alceste's character in the *Apologie du théâtre*; nevertheless, it allows Marmontel to usher in the tale's denouement.

sérieux? La scène est assez amusante. Mon père, dit Ursule, épargnez-moi, de grâce. Alceste me donne une marque d'estime à laquelle je suis très sensible, et il serait fâché que l'on en fît un jeu. — Tu veux donc que je croie qu'il parle tout de bon? — J'en suis persuadée, et je lui en sais gré comme je le dois. — Tu n'y penses pas. A quarante ans! Un homme de son caractère! — Son caractère doit l'éloigner de toute espèce d'engagement, et il sait bien ce que j'en pense. — Et son âge! — C'est autre chose; et je vous prie d'oublier l'âge quand vous choisirez mon époux. — Hé, mon enfant, tu es si jeune! — C'est pour cela que j'ai besoin d'un mari qui ne le soit pas. — Il n'y a donc que cette malheureuse misanthropie qu'indispose contre lui; et je conviens qu'elle est incompatible avec l'humeur que je te connais. — Et plus encore avec le plan que je me suis fait à moi-même. — Et quel est-il ce plan? — Celui de la nature: de bien vivre avec mon mari; de lui sacrifier mes goûts, si par malheur je n'avais pas les siens, de renoncer à toute société plutôt que de me priver de la sienne, et de ne pas faire un pas dans le monde sans ses conseils et son aveu.[62] On peut juger par-là de quel intérêt il est pour moi que sa sagesse n'ait rien de farouche, et qu'il se plaise dans ce monde où j'espère vivre avec lui. Quel qu'il soit, Mademoiselle, reprit Alceste, j'ose vous répondre qu'il se plaira partout où vous serez. Mon père, poursuivit Ursule, se fait un plaisir de rassembler à ses soupers un cercle d'honnêtes gens et de la Ville et de la Cour; je veux que mon mari soit de tous ces soupers, je veux surtout qu'il y soit aimable. — Animé du désir de vous plaire, il y fera sûrement de son mieux. — Je me propose de fréquenter les spectacles, les promenades. — Hélas! c'étaient mes seuls plaisirs: il n'en est point de plus innocents. — Le bal encore est ma folie. Je veux que mon mari m'y mène. — En masque, rien n'est plus aisé. — En masque, ou sans masque, tout comme il me plaira. — Vous avez raison: cela est égal, dès qu'on y est avec sa femme. — Je veux plus, je veux qu'il y danse. — Hé bien, Mademoiselle, j'y danserai, dit Alceste avec transport, en se jetant à ses genoux. Ma foi, s'écria le Vicomte, il n'y a pas moyen d'y tenir; et puisqu'il consent à danser au bal, il fera pour toi l'impossible. Monsieur me trouve ridicule, dit Alceste, et il a raison, mais il faut achever de l'être. Oui, Mademoiselle, vous voyez à vos pieds un ami, un amant, et puisque vous le voulez, un second père, un homme enfin qui renonce à la vie s'il ne doit pas vivre pour vous. Ursule jouissait de son triomphe; mais ce n'était pas le triomphe de la vanité. Elle ramenait au monde et à lui-même un homme vertueux, un citoyen utile, qui sans elle eût été perdu. Telle était la conquête dont elle était flattée; mais son silence était son seul aveu. Ses yeux timidement baissés, n'osaient se lever sur les yeux d'Alceste: seulement une de ses mains s'était laissé tomber dans les siennes, et la rougeur de ses belles joues exprimait le saisissement et l'émotion de son cœur. Hé bien, dit le père, te voilà immobile

---

[62] Despite earlier glimpses of sympathy for women, Marmontel ends his tale with a very traditional perspective on the power relations in marriage.

et muette! Que lui diras-tu? — Ce qu'il vous plaira. — Ce qui me plaira, c'est de le voir heureux, pourvu qu'il rende ma fille heureuse. — Il a de quoi: il est vertueux, il vous révère et vous l'aimez. — Embrassons-nous donc, mes enfants. Voilà une bonne soirée; et j'augure bien d'un mariage qui se conclut comme au bon vieux temps. Crois-moi, mon ami, poursuivit-il, sois homme, et vis avec les hommes. C'est l'intention de la nature. Elle nous a donné des défauts à tous, afin qu'aucun ne soit dispensé d'être indulgent pour les défauts des autres.

ALCESTE
A LA CAMPAGNE,
OU
LE MISANTROPE CORRIGÉ,
COMÉDIE
EN TROIS ACTES EN VERS;
Par C. A. Demoustier.
Représentée à Paris en 1790, et remise au théâtre en 1793.[1]

A PARIS,

Chez Barba, Libraire, au Magasin des pièces de théâtre, quai Conty, maison du petit Dunkerque, près la rue Dauphine, vis-à-vis le Pont neuf.

(1798.) An VI.

---

[1] For more on the play's performance history, see the Introduction.

PERSONNAGES.
ALCESTE.
DUBOIS, valet de chambre.[2]
DELAVAL.[3]
URSULE, sa fille.
BLONZAC, garçon.[4]
GERMON.
UN VIEILLARD.

ALCESTE À LA CAMPAGNE, ou LE MISANTROPE[5] CORRIGÉ.

ACTE PREMIER.

Le théâtre représente le salon d'Alceste, à la campagne.

SCENE PREMIERE

ALCESTE (*seul, assis.*)
Que cette solitude est heureuse et tranquille,
Et que je la préfère au tracas de la ville!
Ici, loin des flatteurs, des sots, des étourdis
Et des originaux, dont regorge Paris,[6]

---

[2] Alceste's servant Du Bois — spelled throughout this play as 'Dubois' — is listed as simply 'valet' rather than 'valet de chambre' in the *dramatis personae* of *Le Misanthrope*. The position of 'valet de chambre' implies a greater, more intimate attachment to Alceste's person than mere 'valet', so this might imply that Dubois has been promoted since his master's move to the countryside. That said, Dubois may already have been the servant to whom Alceste sardonically alludes in Molière's play when he tells Arsinoé that 'mon valet de chambre est mis dans la gazette' (III. 5. 1074). Typically, these lists of *dramatis personae* arrange characters in descending order of rank, but here Demoustier (or his editor) lists Dubois second, perhaps to reinforce his importance as a figure inherited from the original play. The 1804 edition restores a more conventional order, moving Dubois to the end.
[3] No doubt as a subtle concession to Revolutionary ideals, Marmontel's Vicomte de Laval is here stripped of his title and becomes simply 'Delaval', even though Demoustier retains the name 'Laval' to designate a local area (see I. 7. 303).
[4] 'On appelle aussi Garçons, Ceux qui demeurent dans le célibat, qui ne se marient point' (*AF* 1762).
[5] The spelling of 'misanthrope' was not fixed at the time. The modern spelling with 'h' is given in the 1804 edition. Elsewhere in this edition of the play we find 'mysantrope' and 'mysantropie'.
[6] Alceste here gives a fairly standard list of social flaws and foibles, although of these four vices it is only really flattery that had exercised him in Molière's play. Alceste scarcely uses a vocabulary of 'sottise' in *Le Misanthrope*, and the words 'étourdi' and 'original' never appear. As Demoustier indicates here, he is more concerned with establishing misanthropy as Alceste's dominant character trait than with assessing the validity of Alceste's particular

Contre les mœurs du temps, au fond de mon asile, 5
Je puis gronder en paix et décharger ma bile;⁷
Je puis enfin, je puis, le soir et le matin,
Seul au coin de mon feu, bouder le genre humain.
    (*Il se lève.*)
Je vous abjure, usage, amitié, politesse;
Je ferme pour jamais mon cœur à la tendresse; 10
J'abhorre l'univers et mon plus grand plaisir,
Vils humains, ce sera celui de vous haïr.
C'est sur la haine, ingrats, que mon bonheur se fonde...
Et je suis amoureux, moi qui hais tout le monde!
Ne serai-je jamais à l'abri de tes traits, 15
Amour! es-tu content des maux que tu m'as faits?
J'ai rampé sous les lois d'une femme frivole.⁸
Mes yeux se sont ouverts; j'ai brisé mon idole.
Pour vaincre mon erreur j'ai longtemps combattu,
Cruel!... et tu me fais adorer la vertu! 20
Mon cœur de soupirer se faisait un scrupule;
Il s'est évanoui près de ma chère Ursule.
Sur son front, dans ses yeux respire la candeur;
Un mot couvre son teint du fard de la pudeur.
J'aime!... Mais plus mon cœur vers Ursule m'entraîne, 25
Plus contre les humains je sens croître ma haine.
Oui, je te brave, amour, et chargé de tes fers,
Je fais encore serment d'abhorrer l'univers.
Je veux vivre isolé... Mais je crois que l'on sonne.

DUBOIS (*entrant.*)
Monsieur.

ALCESTE.
    Je n'y suis point; je ne veux voir personne. 30

---

grievances against the deceptive and self-deceiving flatterers we find in Parisian high society.
⁷ Demoustier's Alceste shows none of the newfound peace and reconciliation to humanity that Marmontel's Alceste had done on leaving Paris. In Molière's play, Alceste had been dominated by two forms of bile, yellow (rendering him 'bilious' and irascible, according to Galen's theory of bodily humours) and black (making him taciturn and 'melancholic'). Delaval will shortly refer to both these humours together in his jocular query 'Ça, comment vont la bile et la mélancolie?' (I. 3. 117).
⁸ *Une femme frivole*: Célimène.

DUBOIS.
C'est monsieur de Blonzac.

ALCESTE.
                    Pour lui c'est différent.
    (*Dubois sort.*)
Il pense comme moi sur les mœurs d'à présent.[9]
C'est un esprit sensé, pour le siècle où nous sommes.
Je le hais un peu moins parce qu'il hait les hommes.[10]

SCENE II.
ALCESTE, BLONZAC.

BLONZAC.
Ah! de votre santé j'étais fort inquiet.[11]   35

ALCESTE.
Je vous suis obligé.

BLONZAC.
              Quant à moi, c'en est fait:
Je n'y veux plus tenir; tout me déplaît au monde,
Et je vais déloger de la machine ronde.[12]

ALCESTE.
Il est moins courageux que lâche de mourir.
Le crime règne? Eh bien vivez pour le haïr;   40
Armez-vous contre lui d'un courage intrépide.
Conservez de vos mœurs l'austérité rigide.
Frondez tous les humains, et vous aurez rendu,
En combattant le vice, hommage à la vertu.[13]

---

[9] Original: 'd'aprésent'.
[10] This rhyme of 'hommes' and 'le siècle où nous sommes', which occurs twice in *Le Misanthrope*, will become something of a refrain in this play, where it features four times.
[11] This allusion to Alceste's health seems to locate the play during the closing stages of Marmontel's tale, during which Alceste withdraws for a week after feeling rejected by Ursule on account of his misanthropic temperament (see above, p. 62). For more on Demoustier's reordering of Marmontel's events, see the Introduction.
[12] *La machine ronde*: a stock poetic image for the earth or the universe. This suicidal tendency on Blonzac's part is Demoustier's invention.
[13] Alceste's military imagery of fighting vice (*fronder, combattre*, and, in line 87, *terrasser*) clearly echoes his professed resolve in Molière's play to 'rompre en visière à tout le Genre

BLONZAC.
Mais des vices chez eux passés en habitude, 45
Le plus épouvantable est leur ingratitude:
Je suis, vous le savez, neveu des Pézenas.[14]
J'ai montré ma bravoure en plus de vingt combats:
Je me trouvais à tout; attaques, escalades,
Surprise, campement, escarmouches, embuscades, 50
Hormis à la retraite. On l'avait dit au roi;
Pour lui faire sa cour on lui parlait de moi.
Las enfin de servir mon ingrate patrie,
Je consacre au repos le reste de ma vie;
Exempt d'ambition, je brigue simplement, 55
D'un très mince château l'humble gouvernement;
Des envieux soudain la cabale se ligue,
On m'éloigne, et le prince obsédé par l'intrigue,
Sans emploi, sans honneur, laisse dans ses états
Le dernier rejeton du sang des Pézenas. 60

ALCESTE.
Contre le genre humain votre âme est courroucée;
Mais sa haine pour lui paraît intéressée.
Croyez-moi, ce n'est pas le vice qu'elle hait;
C'est le tort prétendu, monsieur, qu'il vous a fait.

BLONZAC.
Comment donc! vous pensez?...

ALCESTE.
                    Je veux que dans le vice, 65
Ce soit le vice seul que le sage haïsse;
Et j'estime fort peu l'austérité des gens,
Lorsqu'ils ne sont, monsieur, sages qu'à leurs dépens.

BLONZAC.
Eh! que me font, à moi, le faste et la fortune?
Bien souvent, je le sais, la richesse importune. 70
Aussi je la méprise, et j'estime mon sort
Mille fois plus heureux que celui d'un milord.

Humain' (*Le Misanthrope*, I. 1. 96). As in Molière's comedy, however, this impulse soon gives way to a more defeatist attitude, and Alceste resolves to retreat still further from human contact.

[14] Although Marmontel's Blonzac is a 'franc Gascon', Demoustier relocates his origins to Pézenas, a commune in the Hérault department in the Occitanie region of southern France.

Mais des mœurs d'aujourd'hui puisque je suis victime,
J'en prends occasion de décrier le crime,
Et le tort inouï que l'on me fait souffrir,
Ne suffit pas encore pour payer ce plaisir.

ALCESTE.
Morbleu![15] j'aime à vous voir me parler en ces termes.
Sur ces principes-là tous les deux soyons fermes;
Contre tous les méchants dans ces lieux, à l'écart,
De notre intégrité faisons-nous un rempart.
O! vertu pour régner désormais sur la terre,
Dans cet asile obscur choisis ton sanctuaire,
Seconde nos projets: daigne unir à nous deux,
Le peu qui reste encor des hommes vertueux.
Avec nous de concert que leur zèle conspire;
Sous leurs nobles efforts fais que le vice expire.
Terrassons les méchants, et qu'on les voie enfin,
Capituler un jour avec le genre humain.

BLONZAC.
Notre ardeur en effet ne peut être[16] assez vive:
Formons contre le monde une ligue offensive.
Séquestrons-nous, mon cher, de la société;
Défions-nous de tout; jamais d'intimité;
En tout temps, en tout lieu, vivons sur la réserve;
Plus de femmes surtout!

ALCESTE.
                    Le ciel nous en préserve!
De leurs perfides yeux bien souvent un seul trait
Suffit pour renverser le plus hardi projet.
Il n'est point de fléau pire qu'une coquette;
Je le sais.[17]

BLONZAC.
            Adieu donc toute intrigue secrète.
Adieu la jalousie; adieu tous les caquets,

---

[15] Appearing twelve times in total in *Le Misanthrope* and four times here, 'morbleu' is clearly Alceste's oath of choice, although it never features in Marmontel's tale.
[16] My correction; the original has 'peut-être'.
[17] Another allusion to Célimène, whose 'humeur coquette' and 'esprit médisant' are key components of her character (*Le Misanthrope*, I. 1. 219); a few lines later Blonzac will also associate *médisance* with women (I. 2. 102).

Adieu la mode, adieu tous les abbés coquets, 100
Adieu romans, sermons, politiques, épigrammes;
Adieu la médisance, enfin adieu les femmes.

ALCESTE.
Vous me les avez là[18] dépeintes traits pour traits.
Pour qu'aucune chez moi ne vienne désormais,
Ce soir de mon château je fais sceller la grille. 105

BLONZAC.
Vous ferez bien.

DUBOIS (*annonçant.*)
    Monsieur Delaval et sa fille.

BLONZAC (*à part à Alceste.*)
Laisserons-nous entrer?

ALCESTE (*à part à Blonzac.*)[19]
      Ciel! Je tremble!... Il le faut.
 (*à part.*)
Que n'ai-je fait sceller ma grille un peu plus tôt!

SCENE III.
ALCESTE, BLONZAC, M. DELAVAL, URSULE.

M. DELAVAL (*à Alceste.*)
Votre santé, mon cher, et votre solitude
Nous ont donné pour vous un peu d'inquiétude, 110
Et nous venons vous voir, en voisins sans façon.

ALCESTE (*troublé, saluant plusieurs fois.*)
Monsieur.

URSULE (*à Alceste.*)
    Excusez-vous notre indiscrétion?

---

[18] My correction; the original has 'avez-là'.
[19] Despite the stage direction, it seems unlikely that this entire line is spoken as an aside to Blonzac, since this would risk exposing Alceste's secret love for Ursule. Rather, only the words 'Il le faut' seem addressed directly to him. The 1804 edition removes all stage directions from this line.

ALCESTE.
En vérité l'honneur pour moi, mademoiselle,
    (*à part.*)
Quelle aimable candeur!...
    (*à Ursule.*)
                  Est trop grand...
    (*à part.*)
                              Qu'elle est belle!
    (*Il lui présente un siège.*)
De grâce, asseyez-vous...
    (*Il court s'asseoir du côté opposé.*)[20]
                        Sauvons-nous par ici.   115

M. DELAVAL (*achevant de parler à Blonzac.*)
Enfin je suis charmé de vous trouver aussi.
    (*Ils s'asseyent dans l'ordre suivant: Alceste, M. Delaval, Ursule, Blonzac.*)

M. DELAVAL (*à Alceste.*)
Ça, comment vont la bile et la mélancolie?

ALCESTE (*brusquement.*)
Fort bien.

M. DELAVAL.
                Convenez donc que c'est une folie
De pester sans raison contre tout l'univers,
Et qu'au moins nos défauts égalent nos travers.[21]   120
Que contre nos défauts est bien fou qui s'irrite,
Et félicitez-vous...

---

[20] Does Alceste want to sit opposite Ursule, in order to watch her, or — as his vocabulary of 'se sauver' implies — does he deliberately sit as far from her as possible? If the stage direction specifying in which order they sit denotes the spatial layout of their seats (rather than the temporal order in which they sit down) then it would seem that Alceste has not chosen the furthest seat from her. In any case, Alceste will soon step between Ursule and his rival Blonzac in order to prevent the latter from kissing her hand.

[21] Delaval seems to be establishing a distinction between two types of flaws: 'travers' ('Bizarrerie[s], caprice[s], irrégularité[s] d'esprit et d'humeur'; *AF* 1762) and the rather less serious 'défauts' ('Imperfection[s]'; *AF* 1798). Broadly speaking, Delaval's affable behaviour and indulgent attitude in this scene set him up as a counterpart to the affable Philinte in *Le Misanthrope*; Philinte, for example, had also underlined the folly of Alceste's behaviour in his lines that 'c'est une folie à nulle autre seconde | De vouloir se mêler de corriger le monde' (I. 1. 157–58).

ALCESTE (*avec feu*.)
                    Oui, je me félicite,
Mais ce n'est pas, monsieur, d'approuver aujourd'hui
Ce que j'ai de tout temps réprouvé dans autrui;
Ni d'avoir lâchement la sotte complaisance[22]   125
D'excuser vos défauts dont mon âme s'offense,
Ni d'adoucir l'aigreur de ce cœur ulcéré;
C'est d'être des humains pour jamais séparé.
Je connais trop mon faible: un cœur noble, mais tendre,
Souvent, pour son malheur, est facile à surprendre.   130
Peut-être pourrait-on ménager sourdement
Entre le monde et moi quelqu'accommodement.
Je sais à mes dépens quels pièges l'on y dresse:
Contre votre vertu, parents, amis, maîtresse,
Avec acharnement conspirent à la fois,   135
Et vous vous trouvez pris comme au milieu d'un bois.
Je suis las à la fin de batailler sans cesse.
      (*Il se lève.*)
Je veux vivre en repos. Voici ma forteresse;
Ce soir je m'y retranche et n'en veux plus sortir.
Parbleu,[23] d'ici, messieurs, je vous verrai venir.   140

M. DELAVAL.
Notre société ne devrait pas, je pense,
Vous inspirer, monsieur, la même défiance.

ALCESTE.
Il est vrai, je vous crois, monsieur, homme d'honneur,
Mais, pour bien vivre ensemble, il faut la même humeur;
La mienne cadre mal sans doute avec la vôtre,   145
Et nous pourrions demain nous quereller l'un l'autre;
Ce qui plaît à vos yeux pourrait déplaire aux miens...
Enfin je ne suis bien que seul, et je m'y tiens.

URSULE.
Nous serions malheureux dans le siècle où nous sommes,
Si les sages fuyaient le commerce des hommes.   150
Ensevelir ainsi l'honneur, la probité,

---

[22] In *Le Misanthrope*, Alceste had regarded *complaisance* as one of the main problems in society, arguing that indulgent tolerance of others' flaws lets vice circulate unchecked. In a famous phrase adapted from a line attributed to Timon of Athens, he had claimed to hate some people 'parce qu'ils sont méchants et malfaisants, | Et les autres, pour être aux Méchants, complaisants' (I. 1. 119–20; see above, note 45).

[23] My punctuation; the original has none.

Monsieur, c'est faire un vol à la société.[24]

ALCESTE (*ému.*)
Si je lui fais un vol, c'est que j'en crains un autre,[25]
Et ma société ne sera pas la vôtre.
Je vous crains mille fois plus que tous les pervers, 155
Vos yeux me feraient fuir au bout de l'univers...[26]
Vos reproches flatteurs sont aisés à détruire;
Si le monde vous plaît, c'est qu'il est votre empire.
La beauté vous trahit, et de vos yeux charmants
Un seul regard détruit tous vos raisonnements. 160

BLONZAC (*à Ursule.*)
Je suis de son avis; il est dur pour un sage
De se voir tout-à-coup réduit en esclavage.
S'il peut se consoler alors de ce revers,
C'est en baisant la main qui lui donne des fers.
(*Il baise la main d'Ursule.*)

ALCESTE (*courant se placer entre Ursule et Blonzac.*)
Mais!

URSULE (*à Blonzac.*)
    Vous passez les droits de la galanterie. 165

ALCESTE (*à Blonzac.*)
Sans doute, ménagez votre philosophie,
    (*Brusquement à Dubois qui entre.*)
Et... que veux-tu?

DUBOIS (*déconcerté.*)[27]
    C'est...

---

[24] Consciously or not, Ursule's words here loosely echo those in Diderot's *Le Fils naturel* that had so offended Rousseau a generation earlier: 'vous, renoncer à la société! J'en appelle à votre cœur; interrogez-le; et il vous dira que l'homme de bien est dans la société, et qu'il n'y a que le méchant qui soit seul' (IV. 3); see *Le Fils naturel — Le Père de famille — Est-il bon? Est-il méchant?*, ed. by Jean Goldzink (Paris: Flammarion, 2005), p. 85.
[25] Alceste presumably means the 'theft' of his heart, a common poetic trope.
[26] In *Le Misanthrope*, Alceste had previously hoped to take his beloved Célimène into his 'désert' with him (v. 4. 1763); now he hopes to flee Ursule and retreat into even greater solitude.
[27] Dubois's disconcerted response here draws attention to the somewhat undignified nature of his master's behaviour in the scene which he has just interrupted. This behaviour and broken speech also echo an awkward appearance of his in *Le Misanthrope* (IV. 4. 1437-44).

ALCESTE.
>Parle...

DUBOIS (*montrant M. Delaval.*)
>Un papier important,
Qu'à monsieur l'on m'a dit de remettre à l'instant.
>(*Il remet le papier et sort.*)

M. DELAVAL (*décachetant.*)
Permettez-vous, messieurs, d'éclaircir ce mystère?

ALCESTE.
Volontiers.

BLONZAC.
>Libertas.[28]

M. DELAVAL (*à Ursule.*).
>Ah! c'est pour notre affaire. 170
>(*Il lit d'un air satisfait.*)

ALCESTE.
Je vous plains...

M. DELAVAL.
>Pourquoi donc?

ALCESTE.
>Je sais, à mes dépens,
En affaire,[29] morbleu! ce qu'il en coûte aux gens.
J'ignore par quel art, quelle adresse infernale
On m'avait engagé dans ce fâcheux dédale;
Mais je crois, entre nous, devoir vous avertir 175
Qu'on m'a vendu bien cher la grâce d'en sortir.
Il n'est plus aujourd'hui de droits qu'on n'y confonde;
Et le vôtre fut-il le plus juste du monde,
Cédez-le sur le champ, et songez qu'un fripon

---

[28] This word, the Latin for 'liberty' and evidently used here as a synonym for 'volontiers', is not attested by any dictionary of the period.
[29] My punctuation; the original has none.

Sait contre un honnête homme avoir toujours raison.[30] 180

M. DELAVAL.
Je rends grâce à vos soins; mais il est inutile,
Dans cette occasion, d'échauffer votre bile,
Car il ne s'agit pas...

ALCESTE (*avec fureur.*)
                  J'ai perdu mon procès,
Avec tous les dépens et tous les intérêts!
Traîtres, de cet arrêt qui demande vengeance, 185
J'appelle au tribunal de votre conscience.
Répondez!

M. DELAVAL.
          Mon voisin, ces exclamations
Ne prouvent pas le droit de vos prétentions.
Thémis[31] a conservé plus d'un agent fidèle,
L'honneur, l'intégrité, sont encore auprès d'elle, 190
Et leurs mains, chaque jour, d'un zèle officieux,
Soulevant le bandeau qui lui couvre les yeux,[32]
Sans doute, elle aura fait, dans cette concurrence,
En faveur du bon droit incliner la balance.

ALCESTE.
De quel siècle, monsieur, parlez-vous?

M. DELAVAL.
                        Mais encor,[33] 195
Si vous aviez raison...

ALCESTE.
          Raison? c'est avoir tort.

---

[30] In *Le Misanthrope*, Alceste had been involved in a legal trial against an unnamed adversary, a 'franc Scélérat' (I. 1. 124). On losing this trial, Alceste was forced to pay twenty thousand francs, claiming at the time that this amount bought him the right to 'pester | Contre l'Iniquité de la Nature Humaine, | Et de nourrir, pour elle, une immortelle Haine' (v. 1. 1548–50). It is clear that the loss of the trial still rankles, and that, with his talk of 'vengeance', Alceste no longer regards the matter as definitively resolved.
[31] *Thémis*: Greek Titaness, personification of divine order and justice, often portrayed (as here, three lines later) with a blindfold in order to reflect her objectivity.
[32] My punctuation; the original has a full stop.
[33] *Encor*: Typical spelling in verse, used to preserve the rhyme or scansion.

Sur la saine équité bien fou qui se repose!

M. DELAVAL.
Un plaideur,[34] croyez-moi, voit mal clair dans sa cause.
L'erreur et l'intérêt lui fascinent les yeux.
Dans quelque temps, mon cher, vous verrez beaucoup mieux,[35] 200
Vous conviendrez qui est, dans le siècle où nous sommes,
Encor de la justice; et qu'enfin tous les hommes
Ne sont pas...

ALCESTE.
                Ah! je vois où vous voulez venir:
Par vos détours adroits vous croyez me tenir;
Vous protégez le siècle, et moi je le déteste: 205
Je soutiens, et morbleu! c'est vous que j'en atteste,
Que notre âge est celui de la perversité,[36]
Qu'il n'est plus de vertu, d'honneur, d'humanité,
Qu'à présent tout est mal, que le monde rassemble
Tous les vices unis et confondus ensemble, 210
Et qu'un homme de cœur sans être humilié,
Dans ce repaire affreux ne peut mettre le pied.

M. DELAVAL.
Voyez comme d'abord votre esprit se gendarme!
Sur un simple soupçon le voilà qui s'alarme.
Et se persuadant qu'on m'intente un procès, 215
A tout le genre humain on fait payer les frais!
Soyez plus indulgent.

ALCESTE.
             J'aurais l'âme assez basse
Pour souffrir l'injustice?

M. DELAVAL.
                    Eh! calmez-vous de grâce!
Je n'ai pas de procès. Ce n'est point de Paris
Que me vient ce papier; c'est de la cour.

---

[34] The original text gives no comma.
[35] Is Delaval implying that Alceste's grievances will pass with time, or does he hope to prove this through his own upcoming act of charitable nepotism towards Blonzac?
[36] My correction; the original has *perversisté*. Cf. Alceste's pronouncement that 'Trop de Perversité règne au Siècle où nous sommes' (*Le Misanthrope*, v. l. 1485).

BLONZAC (*vivement.*)
                                    Tant pis!   220
Tant pis! mon cher voisin; l'antre de la Chicane,
Est cent fois moins affreux que le séjour profane;
Habité par l'intrigue et par les courtisans.
Fussiez-vous un César, et durant soixante ans,
Vous fussiez vous couvert d'une gloire complète,   225
Le moindre prestolet,[37] la moindre femmelette,
Des honneurs tout-à-coup vous coupe le chemin.
Puis, pour vous faire ouvrir les portes le matin,
Faites voir aux valets le laurier qui vous couvre:
Erreur! c'est la fortune, ou Vénus qui les ouvre.   230
Ce pays pour la gloire, est un pays perdu;
Avec tout l'univers vous êtes confondu;[38]
Vous passez, repassez vingt fois sans qu'on vous voie,
Le moindre freluquet[39] lestement[40] vous coudoie;
Nul égard: vos saluts sont presque tous gratis;   235
Vous courez, chez le duc, le comte, le marquis;
Vous dites votre nom, votre rang, vos conquêtes...
On ne se doute pas seulement qui vous êtes.

URSULE (*à Blonzac.*)
Je croyais qu'à la cour vous aviez des amis.

BLONZAC.
Des amis à la cour? Dieu m'en garde, sandis![41]   240
Avec eux pour jamais j'ai rompu tout commerce.
Je sais de quel espoir leur vanité nous berce;
C'en est fait, j'y renonce et me sens trop de cœur
Pour ramper sous les lois d'un ami protecteur.

ALCESTE.
De ces sentiments-là, j'approuve la noblesse: 245

---
[37] 'Terme de mépris, pour désigner un Ecclésiastique sans considération' (*AF* 1798).
[38] Blonzac's complaints here echo Alceste's desire for distinction in *Le Misanthrope*: 'Et la plus glorieuse [l'âme] a des régals peu chers, | Dès qu'on voit qu'on nous mêle avec tout l'Univers' (I. 1. 55-56). That said, Alceste, unlike Blonzac, had never specifically sought advancement at court, and had even rejected Arsinoé's offers of help in this respect.
[39] *Freluquet*: 'Un homme léger, frivole et sans mérite' (*AF* 1798).
[40] *Lestement*: 'D'une manière propre et riche [...] Il signifie aussi, Avec adresse, avec agilité' (*AF* 1762).
[41] *Sandis*: A Gascon oath for 'Sang de Dieu'; Blonzac clearly retains something of his Gascon origins in Marmontel.

De nous humilier n'ayons pas la faiblesse.
Laissons les sots aux pieds des idoles du jour.
Pourrions-nous sans rougir aller faire la cour
A la duplicité, la fraude, l'injustice?

BLONZAC.
Dites, à la faveur, l'intrigue, l'artifice. 250

ALCESTE.
On ne rencontre plus qu'horreurs, séductions.[42]

BLONZAC.
Faux zèle, faux amis, fausses protections.

ALCESTE.
Il n'est plus de vertus que nos mœurs ne corrompent.

BLONZAC.
Le courtisan vous dupe...

ALCESTE.
     Et les femmes vous trompent.
BLONZAC.
Tout fait pitié: l'orgueil de nos petits commis... 255

ALCESTE.
Le faste et l'attirail de nos chastes Laïs.[43]

BLONZAC.
Le mérite est proscrit.

ALCESTE.
    C'est le fat qu'on écoute.

BLONZAC.
La fortune est aveugle...

---

[42] Demoustier uses stichomythia to highlight the parallel, analogous situation between Alceste and Blonzac, just before Delaval's revelation disrupts their supposed unanimity.

[43] Laïs was the name of various ancient Greek courtesans, most famously two from Corinth and Hyccara. By the early modern period, the name had become a standard antonomasia for seductive or sexually adventurous women; Alceste's witty oxymoron 'chastes Laïs' flags up the tension between the appearance and supposed reality of women at court.

ALCESTE.
                    Et l'amour n'y voit goutte.⁴⁴

BLONZAC (*lui donnant la main.*)
A merveille!

ALCESTE (*de même.*)
            Fort bien!

M. DELAVAL (*gaiement.*)
                    Vous voilà bons amis.
Vous allez vous brouiller; je vous en avertis.   260

BLONZAC.
Ah! Ne le craignez pas; de notre sympathie,
Le principe est fondé sur la misanthropie.
Nul motif ne saurait dissoudre ce lien.
        (*à Alceste.*)
Je vous réponds de moi. Vous me connaissez bien;
Vous verrez si je suis constant,
                    (*à M. Delaval*)
                    oui, je défie!...   265

M. DELAVAL (*lui présentant la lettre qu'il a reçue.*)
A cet argument-ci répondez, je vous prie.

BLONZAC (*prenant la lettre.*)
Je n'en démordrai point.

M. DELAVAL.
            Lisez. (*Blonzac lit et se trouble.*)

ALCESTE (*à M. Delaval.*)
                    Dans ce moment,
Nous sommes deux contre un.

BLONZAC (*interrompant sa lecture et transporté de joie.*)
            Quoi! le gouvernement

---

⁴⁴ Stock imagery: both Fortune (the goddess Fortuna) and Love (the god Cupid) are traditionally portrayed as blind or blindfolded to illustrate the arbitrary nature of their favours.

De Pézénas!... A moi?... mes chers amis, de grâce,
Touchez-là tous les deux, et que je vous embrasse! 270

M. DELAVAL (*gaiement*)
La cour a-t-elle tort?[45]

BLONZAC.
                J'avais un peu d'humeur;
Allons, je me dédis.

ALCESTE (*à Blonzac, avec colère et mépris*)
                Monsieur le gouverneur!

M. DELAVAL (*en riant.*)
La faveur?

BLONZAC.
              Quelquefois a des yeux équitables.
ALCESTE (*furieux.*)
Grands dieux!

M. DELAVAL.
       Et les amis?

BLONZAC.
               Sont encor véritables.

ALCESTE (*à Blonzac.*)
Monsieur!

BLONZAC (*d'un air important.*)
            Adieu monsieur; on m'attend à la cour. 275
Je vais pour mon départ employer tout le jour.
Mon rang et l'étiquette exigent ma présence;
Je reviendrai ce soir.
    (*Il s'éloigne.*)

ALCESTE (*sans le reconduire.*)
           Oh! je vous en dispense.

---

[45] My punctuation; the original gives a full stop.

SCENE IV.
M. DELAVAL, URSULE, ALCESTE.

M. DELAVAL.
Eh bien! votre second le voilà...

ALCESTE (*se promenant d'un air furieux.*)
        Laissez-moi.

M. DELAVAL.
Nous sommes deux contre un![46]

ALCESTE.
      Allez, monsieur, je voi[47]   280
Que les mœurs aujourd'hui ne sont qu'hypocrisie...
Tant mieux, morbleu, tant mieux! cela me justifie;[48]
Et je vais de ce pas, plein d'un juste courroux,
Éviter tout le monde, à commencer par vous.
 (*A Ursule, en passant brusquement devant elle.*)
Madame je serais fâché de vous déplaire,   285
Mais mon cœur m'avertit de vous fuir la première.
 (*Il se retire dans un cabinet voisin et ferme la porte avec violence.*)

M. DELAVAL (*s'éloignant.*)
Mon voisin extravague.

URSULE (*à part, et suivant son père.*)
      Amour,[49] que ne peux-tu
Adoucir la sagesse et polir la vertu!
 (*Ils sortent.*)
 (*Dubois paraît, ils lui font signe qu'il est dans le cabinet.*)

---

[46] Delaval mockingly repeats Alceste's own hubristically confident pronouncement from I. 3. 268.
[47] *Sic*, for the visual rhyme.
[48] Cf. *Le Misanthrope*, when Alceste is told that he is becoming a public laughing stock: 'Tant mieux, morbleu, tant mieux, c'est ce que je demande, | Ce m'est un fort bon signe, et ma joie en est grande' (I. 1. 109–10).
[49] My punctuation; the original has none.

SCENE V.
DUBOIS, UN VIEILLARD PAUVRE.

DUBOIS (*faisant entrer le vieillard.*)
A mon maître je vais parler de votre affaire.

LE VIEILLARD.
Hélas! il peut d'un mot adoucir ma misère. 290
   (*Dubois frappe à la porte du cabinet.*)

SCENE VI.
ALCESTE, DUBOIS, LE VIEILLARD.

ALCESTE (*ouvrant brusquement la porte à Dubois.*)
Eh bien! que me veux-tu?

LE VIEILLARD (*tremblant.*)
      Ah! monsieur, j'attendrai,
Si je vous importune... ou bien je reviendrai.

ALCESTE.
Je ne vous connais point, ni ne veux vous connaître.
De quel[50] droit entrez-vous chez moi?

DUBOIS.
      Mais, mon cher maître,
Sachez...

ALCESTE.
 Tais-toi, coquin; et vous, sortez d'ici. 295

LE VIEILLARD (*s'éloignant.*)
Excusez.

DUBOIS (*à Alceste, en reconduisant le vieillard.*)
 Parlez-lui d'un ton plus adouci;
Il est bien malheureux.

---

[50] My correction; the original has 'Dequel'.

SCENE VII.
ALCESTE, DUBOIS.

ALCESTE (*marchant d'un air égaré.*)
     Il est ce qu'il doit être.
L'homme est en général, fourbe, méchant et traître;[51]
Il est fait pour souffrir.
  (*Ici il rencontre sur son passage*[52] *Dubois qui revient de conduire le vieillard, et qui essuie ses larmes.*)
  (*Brusquement.*)
      Qu'as-tu donc à pleurer?
DUBOIS.
Votre rigueur, monsieur, vient de désespérer   300
Un père infortuné que la douleur accable.
Un seul mot fait saigner le cœur d'un misérable.

ALCESTE (*ému, et se modérant.*)
Est-il loin?

DUBOIS.
   Vers Laval il a tourné ses pas.

ALCESTE (*vivement.*)
Ursule comme moi ne le chassera pas...
Qu'ai-je fait!

DUBOIS (*à part avec joie.*)
    Il revient.[53]

ALCESTE.
     Un père! et sans ressource!...   305
Cours après lui, Dubois; tiens, porte-lui ma bourse...
Va...

---

[51] Moliere's Alceste had alluded to two of the same flaws when he complained that 'Je ne trouve partout que lâche Flatterie, | Qu'Injustice, Intérêt, Trahison, Fourberie' (*Le Misanthrope*, I. 1. 93–94), although he had not explicitly justified human suffering this way.
[52] The original has a comma here, which I have omitted.
[53] Although we might interpret Dubois's phrase here literally, as an implicit stage direction indicating that Alceste has moved away and is now returning to him, in the light of Alceste's upcoming monologue (and given Demoustier's liberal use of stage directions elsewhere) it seems to suggest instead that he is 'returning', more metaphorically, to the correct path of humanity and virtue. As in Marmontel's tale, misanthropy is implicitly presented as a departure from a correct path to which the individual can 'return' or be 'brought back', albeit not without difficulty.

DUBOIS (*voulant parler.*)
    Mais...

ALCESTE.
        Va donc!

DUBOIS.
            Sachez...

ALCESTE.
                    Veux-tu courir, maraud?

DUBOIS.
Voudra-t-il?...

ALCESTE (*le poussant vers la porte.*)
              Cours, te dis-je, et reviens au plus tôt.

SCENE VIII.
ALCESTE (*seul.*)
Ursule changerait mon maudit caractère;[54]
Son nom seul a produit le bien que je vais faire;   310
Il a calmé mes sens: à moi-même rendu,
J'ai senti mon cœur battre, et me suis reconnu.[55]
Quel ascendant heureux! Quand je suis auprès d'elle,
Ses vertus me font presque oublier qu'elle est belle;
Son charme est si touchant! ses attraits sont si doux!   315
Dieux qui la chérissez, me la destinez-vous?

SCENE IX.
ALCESTE, DUBOIS.

ALCESTE (*vivement.*)
Eh bien, Dubois?

DUBOIS.
           Eh bien, monsieur, il vous refuse.

---

[54] Although this edition gives a semi-colon and the 1804 edition a full stop, a question mark (easily confused with semi-colons by some printers) might also be a plausible reading here.
[55] Like Dubois's 'il revient' earlier, phrases like Alceste's 'à moi-même rendu' and '[je] me suis reconnu' again present his misanthropy as a passing phase rather than an inherent characteristic.

ALCESTE.
Il me refuse!

DUBOIS.
   Oui.

ALCESTE.
      Qu'a-t-il dit pour excuse?[56]

DUBOIS
Qu'il venait près de vous, malgré sa pauvreté,
Demander un service, et non la charité.   320
  (*Il lui remet la bourse.*)

ALCESTE.
Je vois, je vois l'esprit d'orgueil et de vengeance:
C'est pour m'humilier qu'il brave l'indigence.
Voilà les hommes!

DUBOIS.
      Mais si vous saviez...

ALCESTE.
          Tais-toi.[57]

DUBOIS.
Enfin...

ALCESTE.
Paix! si l'on vient, je ne suis pas chez moi.
  (*Il sort d'un côté, Dubois s'enfuit de l'autre.*)

Fin du premier acte.

---

[56] My punctuation; the original gives a full stop.
[57] My punctuation; the original gives a semi-colon.

ACTE II.

Le théâtre représente un paysage; à gauche sur le devant de la scène, quelques arbres forment un berceau sous lequel on voit un banc de gazon.

SCENE PREMIERE.
M. DELAVAL, BLONZAC (*se promenant.*)

BLONZAC (*continuant de parler.*)
Enfin je vous dois tout, mon cher, et ma fortune　　　　325
Entre nous désormais va devenir commune.
Ne me dites qu'un mot, et par un nœud de fleurs,
Votre fille unira nos biens et nos honneurs.

M. DELAVAL.
Mais...

BLONZAC.
　　　Point de mais; un mot!

M. DELAVAL,
　　　　　　　　La demande est pressante.
Allons, j'y consens...

BLONZAC.
　　　　Bien!

M. DELAVAL.
　　　　　　Pourvu qu'elle y consente.[58]　　　　330

BLONZAC.
Elle y consentira.

M. DELAVAL.
　　　　　　Vous connaissez ses vœux?
BLONZAC.
Oh! je m'en doute! et puis dites-lui: Je le veux.

---

[58] As in Marmontel's tale, Ursule's enlightened and benevolent father shows respect to her wishes; here, though, the father's respect for his daughter also throws into relief Blonzac's blustering confidence.

M. DELAVAL.
Ce mot ne doit sortir de la bouche d'un père,
Que pour dompter l'orgueil d'un enfant téméraire;
Mais il doit, quand un cœur cherche à se décider, 335
Oublier pour un temps le droit de commander.
Je ne suis point, monsieur, de ces pères barbares,
De ces tyrans cruels de qui les mains avares,
Vendant au poids de l'or, les grâces, les vertus,
Enchaînent leur victime aux autels de Plutus. 340

BLONZAC.
Ah! Vraiment je vous crois l'âme trop généreuse;
Mais Ursule...[59]

M. DELAVAL.
           Son choix peut seul la rendre heureuse.

BLONZAC.
Cependant, à votre âge, on y voit beaucoup mieux.

M. DELAVAL.
Mais, ma fille, monsieur, n'y voit point par mes yeux.
Je veux donc lui laisser, dans cette conjoncture, 345
Suivre le doux penchant de la simple nature;
Et j'attends, si son choix s'accorde avec l'honneur,
L'heureuse occasion de faire son bonheur.

BLONZAC.
En ce[60] cas, touchez-là. C'est une affaire faite.

M. DELAVAL.
Vous croyez?

BLONZAC.
           Votre fille est timide et discrète, 350
Fort novice, entre nous. C'est un jeu que cela.
Avec quelques soupirs jetés par-ci par-là,
Et quelques doux propos qu'aux discours j'entrelace,
Je vous emporte un cœur d'assaut, comme une place.

---

[59] My punctuation; the original has a single full stop.
[60] My correction; the original has 'ces'.

Ursule vient souvent rêver dans ce bosquet; 355
Permettez qu'avec vous je m'y rende en secret;
Je ne demande ici qu'un instant d'audience.

M. DELAVAL.
Vous demandez beaucoup.

BLONZAC.
      Comptez sur ma prudence,
Je sais me faire aimer, mais je sais qu'il convient
De ménager un cœur novice.
  (*Ici Alceste paraît dans le lointain, il arrive par plusieurs détours sans apercevoir Blonzac et M. Delaval.*)
      Alceste vient. 360
Il me fait peine: il va sécher de jalousie.

M. DELAVAL.
Alceste? il l'aimerait?

BLONZAC (*confidemment.*)
     Je vous le certifie.

M. DELAVAL (*à part.*)
Plût au ciel!⁶¹

BLONZAC (*s'éloignant avec lui.*)
    N'allez pas balancer entre nous.

M. DELAVAL.
Je serai contre lui, si ma fille est pour vous.
  (*Ils sortent.*)

SCENE II.
ALCESTE (*seul.*)

Où vais-je! quel démon me poursuit et m'obsède! 365
La rage dans mon cœur à la douleur succède.
Mille chagrins cuisants l'aigrissent tour-à-tour,
Et j'y trouve la haine à côté de l'amour.

---
[61] My punctuation; the original has a full stop.

Dans l'état où je suis je ne sais plus moi-même,
Si je vis, si je meurs, si je hais, ou si j'aime.⁶² 370
Et mon âme livrée à cet affreux tourment,
Succombe sous le poids de son accablement.
  (*Il s'assied sous le berceau.*)

SCENE III.
ALCESTE (*sous le berceau.*), URSULE.

ALCESTE (*continuant après un silence.*)
Nature qui formas ce bizarre assemblage,
Je te pardonne encore: Ursule est ton ouvrage.
  (*Après une pause.*)
Ursule va bientôt abandonner ces lieux; 375
Je ne la verrai plus!

URSULE (*se promenant et rêvant.*)
      Il est bien malheureux!
Mon intérêt pour lui va jusqu'à la tendresse.

ALCESTE.
Accablé de chagrins, je n'ai dans ma détresse,
Pas un cœur où le mien puisse les épancher.

URSULE (*continuant.*)
Mais si par mes discours il se laissait toucher,... 380

ALCESTE.
Malheureux!

URSULE.
   De ses mœurs, s'il quittait la rudesse,...

ALCESTE.
Ursule!

---

⁶² Alceste's quasi-tragic lines here curiously echo various formulations from Racine's *Andromaque*, not least from Hermione's monologue in act v: 'Où suis-je? Qu'ai-je fait? Que dois-je faire encore? | Quel transport me saisit? Quel chagrin me dévore? | Errante, et sans dessein, je cours dans ce Palais. | Ah! ne puis-je savoir si j'aime, ou si je hais!' (v. 1. 1401–04). See Racine, *Œuvres complètes*, ed. by Georges Forestier (Paris: Gallimard, 1999); subsequent references to Racine's plays will be to this edition.

URSULE.
              S'il savait combien il m'intéresse!...
Oui, si son cœur voulait se rendre à la raison,
Le mien se donnerait pour payer sa rançon.

ALCESTE (*l'apercevant.*)
Dieux! c'est elle!
      (*Il se lève.*)

URSULE (*avec intérêt.*)
              C'est vous!... Vous répandez des larmes?   385
ALCESTE.
Ursule, la campagne a perdu tous ses charmes,
Et l'automne dans peu vous ramène à Paris.

URSULE.
Il est vrai; nous allons rejoindre nos amis.

ALCESTE.
Vous avez des amis?

URSULE.
              Oui; nous vivons ensemble:
Le printemps nous sépare et l'hiver nous rassemble.   390

ALCESTE (*tristement.*)
Ainsi nous nous quittons bientôt.

URSULE.
                   Que dites-vous!
Ne revenez-vous pas à la ville avec nous?

ALCESTE.
Ursule, quand j'avais votre heureuse innocence,
Je revoyais Paris d'un œil de complaisance.
J'étais loin de penser alors que désormais,   395
Je m'en dusse exiler pour n'y rentrer jamais.

URSULE.
Ne finirez-vous point cet exil volontaire?

ALCESTE.
Non, je fuirais plutôt jusqu'au bout de la terre.
Cette ville où jadis tout riait à mes yeux,
M'offrirait aujourd'hui mille objets odieux: 400
J'y reverrais celui dont l'infâme artifice,
Si bien à mes dépens égara la justice!
Le traître, en me voyant, tout fier de ses succès,
S'applaudirait encor du gain de son procès.[63]
J'y reverrais Acaste, et Cléon et Philinte (*);[64] 405
Courtisans par métier, pétris d'art et de feinte,
Superbes à la ville, à la cour complaisants.
J'y reverrais Oronte et tous ses partisans (*),
Pauvres petits cerveaux pleins de leur propre estime,
Et mettant leur sottise à l'ombre de la rime: 410
Et cette Arsinoé, dont la dévote ardeur (*),
S'alimente de fiel, d'amertume et d'aigreur,
Et dont les yeux fervents, dans un pieux silence,
Se lèvent sous son voile avec tant d'éloquence!
    (*Avec transport.*)
Et cette Célimène, à qui, pour mon malheur (*), 415
L'Amour, le traître Amour, avait livré mon cœur.
Je reverrais encor voler chez cette belle,
Ce cercle d'étourdis assidus auprès d'elle,[65]
Dont la pépinière augmentant tous les jours,
Peuple, pour nos péchés, la ville et les faubourgs. 420
J'entendrais tour-à-tour déraisonner, médire;
Mon cœur chez ces gens-là souffrirait le martyre.
J'enragerais cent fois par jour; et j'aime mieux
Vivre éloigné de vous, que de vivre auprès d'eux.

(*) Personnages du Misanthrope de Molière.

---

[63] This is the 'fripon' whom Alceste has mentioned earlier (I. 3. 179).

[64] The asterisks in this passage all refer to the same footnote. Cléon does not appear onstage in Molière's play, but is evoked as a 'sotte personne' who attracts high society only because of his talented chef (II. 5. 625–26). Acaste is a self-important fop who (like Clitandre) believes that he has won Célimène's love; Philinte is Alceste's professed friend, who recognizes the insincerity of social exchange but is prepared to go along with it; Oronte is a poet who falls out with Alceste after asking his judgement on a poor-quality poem; Arsinoé is an aging 'prude' who affects piety but who desires Alceste.

[65] *Le Misanthrope* ends with Célimène's humiliation as her various suitors abandon her after learning that she has been speaking ill of each of them behind their backs (v. 4). Alceste clearly believes that her humiliation will not last long.

URSULE.
La retraite des champs, leur paisible innocence, 425
Vous dédommageront bientôt de notre absence.
Votre cœur, au village, est dans son élément:
L'homme est bon, dans ces lieux, tout naturellement;
Il y conserve en paix ses mœurs et sa droiture,
Et l'art ne peut chez lui corrompre la nature. 430

ALCESTE.
Non, non, détrompez-vous. De la perversité,
Le principe odieux tient à l'humanité.
Notre cœur avec nous en apportant le germe,
Développe-lui seul le poison qu'il renferme:
A sa complexion le vice est inhérent, 435
Et l'homme est homme enfin parce qu'il est méchant.

URSULE.
Au contraire, il est bon; mais de bons que nous sommes,
Nous devenons méchants: voilà le sort des hommes,
Quand l'exemple du vice et son souffle empesté,
De la nature en eux, altère la bonté. 440

ALCESTE.
Cette contagion que l'univers respire,
A sur tous les humains étendu son empire.
Par elle de l'honneur le germe s'est gâté,
Et le crime triomphe avec impunité.
L'homme s'est fait un art de la scélératesse. 445
Il parvient aux grandeurs à force de bassesse,
A force d'injustice; et grâce à ses travaux,
Ainsi que la vertu, le vice à ses héros...[66]

URSULE (*l'interrompant.*)
Alceste!...

ALCESTE (*poursuivant avec fureur.*)
    Aussi je hais tout ce qui m'environne;
J'abhorre l'univers.

---

[66] Alceste's line echoes the claim of another alleged misanthrope, La Rochefoucauld: 'Il y a des héros en mal comme en bien'. See *Réflexions diverses*, p. 61 (maxime 185).

URSULE.
> Quoi! vous n'aimez personne? 450

Que je vous plains!

ALCESTE (*tendrement*.)
> Ursule, à cette question,

Je ne puis vous répondre.

URSULE.
> Eh! quoi, l'aversion

Qui contre les méchants justement vous anime
Confondra-t-elle donc l'innocence et le crime?
Et l'honnête homme enfin doit-il être aujourd'hui 455
Responsable envers vous des faiblesses d'autrui?
Adoucissez au moins cette rigueur extrême.
Je vous demande grâce, Alceste, pour moi-même.

ALCESTE.
Pour vous!...

URSULE.
> Il est encor des gens sages, heureux...

ALCESTE.
Heureux?... Eh! le bonheur est-il donc fait pour eux! 460
Non,[67] de mille forfaits en se rendant coupables,
Ils se sont condamnés à vivre misérables,
L'infortune poursuit le crime.

URSULE.
> Et l'innocent?

ALCESTE.
Il n'en est plus.

URSULE.
> Mais...

ALCESTE.
> Non...

---

[67] My punctuation; the original has none.

URSULE (*montrant un paysan qui revient du travail.*)
Eh! quoi! ce paysan,   465
Qui servant chaque jour l'État et sa patrie,
Parcourt le cercle étroit d'une innocente vie,
Et revient chaque soir goûter dans sa maison,
La paix et l'amitié, n'est pas heureux?

ALCESTE.
Non...

URSULE.
Non?...
De votre jugement, c'est à lui que j'appelle.

SCENE IV.
ALCESTE, URSULE, GERMON (*traversant le théâtre.*)[68]

URSULE (*continuant.*)
Germon, écoutez-moi.

GERMON (*approchant.*)
Plaît-il, mademoiselle?   470

URSULE.
Vous êtes fatigué; vous revenez des champs...

GERMON (*gaiement.*)
Oui, mais je vais revoir ma femme et mes enfants.

URSULE.
Combien en avez-vous?

GERMON (*gaiement.*)
Quatorze.[69] D'une fille,
Ma femme vient encor d'enrichir la famille.
Oh! c'est tout mon portrait. Les autres, dieu merci,   475
Sont tous gras et vermeils, sans chagrin, sans souci.
Cela croît tous les jours. Ça me réjouit l'âme,

---

[68] On this scene as a reworking of Alceste's encounter with the labourer at the start of Marmontel's tale, see the Introduction.
[69] Demoustier's Germon is clearly more fertile than Marmontel's labourer, who has only four (surviving) children.

Quand je pense que c'est l'ouvrage de ma femme...
Et puis de moi, s'entend...

ALCESTE.
                    Mais pour les nourrir tous,
Avec vos deux bras seuls, comment suffisez-vous?   480

GERMON.
J'avons[70] un peu de terre; et puis vaille que vaille,
Chacun gagne son pain. Déjà l'aîné travaille;
Il nourrit les cadets. Au temps de la moisson,
Ceux-ci rendent encor service à la maison.
Nous ne manquons de rien.

ALCESTE.
                    Mais quand l'année est dure,...   485

GERMON.
On vit au jour le jour, on épargne à mesure.
On s'en porte aussi bien.

ALCESTE.
                    Mais, outre ces travaux,
N'avez-vous pas encor la taille, les impôts?
Comment à tout cela pouvez-vous satisfaire?

GERMON.
Nous nous aidons: et puis, c'est un mal nécessaire.   490
Le magistrat gouverne,[71] et chaque citoyen,
Pour soutenir l'État, lui fait part de son bien,
Il faut que chacun donne afin que chacun vive.

ALCESTE (à part.)
Quelle saine équité! quelle vertu naïve![72]

---

[70] *Avons*: this solecism ('j'avons' for 'j'ai') is a stock feature of peasant dialogue in French comedy; see Molière's Martine (*Les Femmes savantes*) and Pierrot (*Dom Juan*). Aside from occasional lapses of register ('Cela croît tous les jours', II. 4. 477), however, Demoustier keeps Germon's speech quite articulate and correct rather than exploiting his language for comic effect.

[71] Marmontel's tale does not refer to a magistrate, but instead establishes Laval as the provincial governor. Since Germon here speaks only of 'le magistrat' rather than acknowledging this magistrate as his interlocutor Ursule's father, we are presumably invited to regard Delaval and the magistrate as two separate people.

[72] This line, like Alceste's next aside (II. 4. 537–38), closely echoes his remarks in Marmontel: 'Quelle équité, dit le Misanthrope! voilà en deux mots toute l'économie de la

URSULE (*à part.*)
Suivons cet entretien; (*haut.*) Mais par le mauvais temps, 495
Quand vous êtes forcé de travailler aux champs,
Vous devez bien souffrir!

GERMON.
     Un peu; mais la souffrance,
Du repos qui la suit, double la jouissance.
Quand on pense à cela, le travail est un jeu.
Ce soir, je vais trouver ma femme au coin du feu, 500
Ma fille entre ses bras, grasse, riante, belle,
Et toute la famille assemblée autour d'elle.
En me voyant rentrer ma femme sourira;
L'un me caressera, l'autre me baisera;
Et puis j'irai m'asseoir près de ma ménagère. 505
J'embrasserai l'enfant, j'embrasserai la mère.
Nous souperons ensemble, et je serai ma foi
Peut-être plus tranquille et plus heureux qu'un roi.
La joie et les plaisirs sont au sein du ménage;
Et vous le savez bien, car sans doute à votre âge, 510
Vous êtes marié?

ALCESTE.
  Non.

GERMON.
    Non? Tant pis pour vous.
Vous êtes ma-t-on dit, riche, mais entre nous
Je ne changerais pas. De votre solitude
Je ne pourrais jamais contracter l'habitude.
Je crois que vous devez passer de tristes jours; 515
Car l'homme n'est pas fait pour vivre comme un ours.[73]
Il lui faut des amis, des enfants, une femme,
Qui partagent son cœur, qui réchauffent son âme,
Qui soulagent ses maux; et tenez, en tout temps,
Ses meilleurs amis sont sa femme et ses enfants. 520

---

société primitive. O nature! il n'y a que toi de juste: c'est dans ton inculte simplicité qu'on trouve la saine raison' (p. 45).
[73] On the bear as symbol of misanthropic solitude, see note 60 above.

ALCESTE.
Je vous crois. Ainsi donc, dans votre humble retraite,
Tous vos vœux sont remplis, votre âme est satisfaite;
Et lorsque vous voyez l'homme riche, opulent,
Vous ne lui portez point envie?

GERMON.
                         Aucunement.
C'est l'ordre général. Ne voit-on pas sans cesse 525
La fortune à ceux-ci prodiguer la richesse,
A ceux-là rien? Monsieur, ce partage inégal
Est un bien en effet quoiqu'il nous semble un mal.
Le riche est paresseux; au lieu que l'industrie
Fait travailler le pauvre aux besoins de la vie. 530
Eh bien! pour travailler, maudirais-je mon sort?
Tout homme ne peut pas posséder un trésor;
C'est impossible; mais celui qui le possède,
Quand il veut s'en servir, a besoin de notre aide:
Nous lui prêtons nos bras; il donne son argent; 535
Il jouit, nous vivons. Tout le monde est content.

ALCESTE (*vivement, à part.*)
De la société voilà l'économie
En deux mots. Quel bon sens! quelle philosophie!
    (*haut.*)
Vous me surprenez.

GERMON.
                   Oui; ces messieurs de Paris,
Lorsque nous raisonnons, ont toujours l'air surpris. 540
Il semble que l'on n'ait de l'esprit qu'à la ville,
Et que pour vivre aux champs, on soit un imbécile.[74]

ALCESTE.
Vous prouvez le contraire, et vous m'ouvrez les yeux.

URSULE (*à part, avec joie.*)
Enfin il reviendra.

---

[74] My punctuation; the original has a semi-colon.

ALCESTE (*à Germon.*)
        Mais êtes-vous heureux?

GERMON (*gaiement.*)
Heureux? ma foi je suis bonnement la nature, 545
Et n'ai pas réfléchi là-dessus, je vous jure.
Et je pense, suivant ma manière de voir,
Que les plus heureux, sont heureux sans le savoir.
Quant à moi, je n'en sais rien du tout, sur mon âme;
Mais, pour m'en assurer, je vais trouver ma femme. 550
Bonsoir.

ALCESTE.
    Adieu, brave homme.

URSULE.
              Embrassez bien pour moi
Votre petite.

GERMON (*s'éloignant.*)
    Oh! oui; de tout mon cœur!

SCENE V.
ALCESTE, URSULE.

ALCESTE (*après un moment de confusion.*)
                       Je voi[75]
Que je m'étais trompé. Je vois que sur la terre
L'innocence n'est pas tout-à-fait étrangère,
Puisque j'en trouve ici ces restes précieux, 555
Sans doute elle a choisi son asile en ces lieux.
Ursule, embellissez sa retraite profonde;
Cultivez avec nous cet heureux coin du monde,
Et pour ses habitants faites revivre encor,
Les charmes, les vertus, la paix de l'âge d'or. 560
Ursule, croyez-moi, c'est ici votre empire,
Vous y rendez plus pur l'air que l'on y respire.
Le souffle du méchant ne peut point l'altérer,
Le méchant près de vous, n'oserait respirer.

---

[75] *Sic*, for the visual rhyme.

Enfin à vous fixer ici tout vous convie: 565
Nous sèmerons de fleurs les jours de votre vie.
Vous goûterez chez nous l'inaltérable paix
D'un bonheur que le temps ne troublera jamais.
Ces lieux vous offriront une famille entière:
Vous nous adopterez; vous serez notre mère. 570
L'amour nous dictera vos lois, et désormais
Je serai le premier de vos heureux sujets.[76]

URSULE (*avec émotion.*)
Alceste, c'est en vain[77]...

ALCESTE (*vivement.*)
                   Restez dans cet asile!
Au nom de l'amitié, n'allez point à la ville.
Comment votre mérite y serait-il connu? 575
A peine y connaît-on le nom de la vertu.
Le désordre y fermente, et le vice y circule.
L'honneur en est proscrit... Vous frémissez, Ursule?[78]
Je ne vous ai montré que le coin du tableau;
Eh! que serait-ce donc, si, levant le rideau 580
Je!...

URSULE (*l'interrompant vivement.*)
          Laissons ces horreurs. Mais quel destin funeste,
Pour aigrir votre cœur l'a fait tomber, Alceste,
Au milieu des brigands? Et comment n'a-t-il pu
Rencontrer que le crime où j'ai vu la vertu?
Quelle est donc la raison de ce contraste extrême? 585
Notre séjour, Alceste, était alors le même.
Nos goûts étaient pareils; et dans les mêmes lieux,
Où tout me souriait, tout vous blessait les yeux.
Qui de nous se trompait?

ALCESTE.
                  Peut-être l'un et l'autre.

---

[76] The benevolent patriarchal system of Marmontel's tale gives way here to a more matriarchal ideal of Ursule as 'mother' to a timeless 'empire' able to bring back the mythical Golden Age.
[77] My correction; original has 'envain'.
[78] This line has a quasi-tragic ring, echoing the hemistich 'Vous frémissez, Madame?' found in, among other works, Racine's *Andromaque* (III. 8. 1018).

URSULE.
En ce cas,[79] j'aime mieux mon erreur que la vôtre. 590

ALCESTE (*avec feu.*)
Tremblez![80] cette candeur, cette simplicité,
Dont le charme innocent, embellit la beauté,
Ce calme si touchant, ce bonheur si paisible,
Qu'au sein de la vertu, goûte une âme sensible,
Et qui, jusqu'à ce jour, vous ont paru si doux, 595
A la ville bientôt s'éloigneront de vous.
Votre cœur oubliera[81] cette volupté pure
Qu'il goûtait en sortant des mains de la nature;
Bientôt de goûts, d'esprit, de mœurs, vous changerez...
Ursule, on s'accoutume au vice par degrés. 600
Il prendra, pour vous plaire, une forme agréable.
Eh! s'il allait finir par vous paraître aimable!...
Qui sait dans quel abîme il conduirait vos pas!
Qui sait enfin!... Je vois couler vos pleurs... hélas!
Excusez les frayeurs d'un ami qui vous aime, 605
Qui vous chérit, qui veut vous voir toujours la même;
Qui connaît les méchants, qui sent votre danger.
     (*vivement.*)
Qui tremble!...
        (*tendrement.*)
          Qui n'a pas voulu vous affliger.
En faveur du motif pardonnez-lui ses larmes,
Et connaissez son cœur, en voyant ses alarmes. 610

URSULE.
Ah! des troubles du mien soyez moins effrayé.
Mes pleurs sont un tribut qu'il paye à l'amitié.
Quant aux périls auxquels vous voulez me soustraire,
Et que pour moi la crainte à vos yeux exagère;

---

[79] My correction; the original gives 'En ces cas'.
[80] Like much of Alceste's speech in this scene, this line has a declamatory, melodramatic or tragic ring. Alceste's imperative 'tremblez!', for example, echoes some of Pierre Corneille's plays: see e.g. *Pompée* (II. 2. 569), *Rodogune* (III. 4. 1019, in *Œuvres complètes*, ed. by Georges Couton, 3 vols, Paris: Gallimard, 1984–87). The scene also contains various 'implicit stage directions', for instance when Alceste observes Ursule crying, but these more traditional or 'classical' rhetorical practices are combined here with techniques of broken speech more typical of eighteenth-century dramatic tastes.
[81] *Sic*, for the scansion.

Rassurez-vous. Venez avec moi dans ces lieux, 615
Où vous n'avez suivi que des sentiers affreux.
Je vous y conduirai par des routes nouvelles.
Là, de la probité vous verrez les modèles;
Et lorsque, par mes soins, vous vous verrez admis
Dans le cercle épuré de nos meilleurs amis, 620
Lorsque vous connaîtrez ce ton de confiance,
Cette amitié solide et cette[82] aimable aisance,
Ce sourire indulgent, cette amabilité
Et cet esprit liant de la société,
Je veux, avant huit jours, que vous soyez des nôtres, 625
Vous avez deux plaisirs qui passent tous les autres:
Le premier est de voir des hommes vertueux;
Vous en verrez. L'autre est d'aider les malheureux;
Je vous ferai connaître à l'honnête misère,
Et vous ferez le bien que vous aimez à faire. 630
De l'homme infortuné vous sécherez les pleurs;
Ensemble nous irons consoler ses douleurs.
Vos bienfaits lui rendront le repos, l'espérance.
Vous jouirez vous seul de sa reconnaissance;
Mais nous partagerons le plaisir de pleurer. 635
Venez donc...

ALCESTE (*tombant à ses pieds.*)
    O! vertu, laisse-moi t'adorer.

URSULE (*voulant le relever.*)
Mais...
    (*Ici Blonzac paraît, voit Ursule, sans apercevoir Alceste, qui est à genoux en dedans du berceau.*)

SCENE VI
ALCESTE, URSULE, BLONZAC.

BLONZAC (*à part.*)
    La voici. L'instant me paraît favorable.
    (*Il se jette aux pieds d'Ursule, qui, reculant de surprise, le laisse à genoux vis-à-vis d'Alceste.*)
    (*Voyant Alceste.*)
Eh!...

---
[82] My correction; the original gives 'cettte'.

ALCESTE (*brusquement.*)
    Que faites-vous là?[83]

BLONZAC (*riant.*)
                  Moi? j'adore.

ALCESTE (*se relevant.*)
                          Que diable!
Qui vous soupçonne ici, monsieur, dans ce moment?
Un gouverneur doit être à son gouvernement. 640

BLONZAC (*se levant.*)
Qui diable vous attend vous-même?[84]

ALCESTE (*avec une fureur contrainte.*)
                       Adieu, madame.
URSULE.
Vous fuyez?

ALCESTE.
     J'ignorais les secrets de votre âme.

URSULE (*vivement.*)
Quoi! vous pensez?...

BLONZAC (*à part.*)
     Le tour est bon!

ALCESTE.
                Je vous promets,
Pour ne plus vous troubler, de ne vous voir jamais.
    (*Il s'éloigne et revient plusieurs fois.*)
Je ne sais qui me tient!... je!...
    (*M. Delaval paraît.*)
                Voici votre père; 645
Adieu.

---

[83] My correction; the original has 'vous-là'.
[84] My correction; the original reads 'Qui diable, vous attends vous-même?'.

SCENE VII.
ALCESTE, URSULE, BLONZAC, M. DELAVAL.

M. DELAVAL (*arrêtant Alceste, qui s'éloigne.*)
 C'est vous?...

ALCESTE (*l'évitant.*)
   Bonsoir.

M. DELAVAL.
     Eh quoi!...
ALCESTE.
        Certaine affaire
Exige sur le champ ma présence.

M. DELAVAL.
        En ce cas,
Je vous attends ce soir chez moi.

ALCESTE (*s'éloignant.*)
       N'y comptez pas...
  (*revenant.*)
Si j'étais sûr!...

M. DELAVAL.
   Quoi?

ALCESTE (*s'éloignant.*)
   Rien.

M. DELAVAL (*le retenant.*)
     Qu'est-ce-qui vous afflige?
Vous avez du chagrin?

ALCESTE.
     Non, je n'ai rien, vous dis-je.   650
  (*à part.*)
O! rage!

M. DELAVAL (*avec amitié.*)
 Parlez-moi.

ALCESTE.
                    N'arrêtez point mes pas.[85]

URSULE (*à part à Alceste.*)
Vous me jugez bien mal!

BLONZAC (*à part.*)
                        Il ne s'en ira pas!
ALCESTE.
Ces traits sont faits[86] pour moi!

M. DELAVAL.
                    Modérez votre bile.[87]

ALCESTE (*avec une rage étouffée.*)
Je n'en ai pas besoin et je suis fort tranquille...
            (*à part.*)
Laissez-moi, laissez-moi! Toi que j'osai braver,   655
Amour, il te manquait ce trait pour m'achever.
            (*Se tournant à moitié vers Ursule.*)
Si les hommes sont faux dans le siècle où nous sommes,
Les femmes, grâce au ciel, sont bien dignes des hommes.
            (*Il disparaît.*)

M. DELAVAL (*à Ursule qui réfléchit.*)
Qu'a-t-il?[88]

BLONZAC (*offrant la main à Ursule*)[89]
            C'est son accès,[90] le voilà furieux.[91]

---

[85] This line contains yet more echoes of tragic or heroic theatre; Alceste's words here echo both Don Diègue's 'Ô rage! Ô désespoir!' in Corneille's *Le Cid* (I. 4. 237) and Bérénice's 'Ne suivez point mes pas' in Racine's *Bérénice* (v. 7. 1517). In *Le Misanthrope*, too, Alceste had told Philinte 'Ne suivez point mes pas' (I. 3. 445).
[86] My correction; the original gives 'fait'.
[87] My punctuation; the original has a semi-colon. Éliante had told Alceste that 'Vous devez modérer vos transports' (*Le Misanthrope*, IV. 2. 1245).
[88] My correction; the original reads 'Qu'à-t-il?'.
[89] My punctuation; original leaves off this closing parenthesis.
[90] *Accès*: 'Il se dit aussi Des attaques de certaines maladies qui ont ordinairement des retours et des redoublemens, comme la rage, la folie, le mal caduc' (*AF* 1798). Philinte had mocked Alceste's 'noirs accès' in *Le Misanthrope* (I. 1. 98).
[91] My punctuation; the original has a semi-colon.

M. DELAVAL.
Moi, je crois qu'il est fou.

URSULE (*donnant la main à son père.*)
                      Non, il est malheureux. 660

Fin du Second Acte.

ACTE III

Le Théâtre représente l'appartement de M. Delaval.

SCENE PREMIERE.
M. DELAVAL, URSULE.

M. DELAVAL (*tenant un billet décacheté.*)
Grande nouvelle! lis: Alceste vient nous voir.

URSULE.
Je me charge du soin de le bien recevoir.

M. DELAVAL.
Je m'en remets à toi; mais je vais te prescrire
Une condition.

URSULE.
  C'est?

M. DELAVAL.
    C'est de ne pas rire.
Je crains...

URSULE.
  Ne craignez rien. Mon cœur a toujours su,   665
Jusques dans ses écarts admirer la vertu.
Celle de notre ami, de temps en temps l'égare;
Sa singularité lui donne un air bizarre.
De sa rigueur stoïque il ne relâche rien,
Et c'est avec excès qu'il est homme de bien.   670
  (*vivement.*)
Qu'on raille son humeur, son ton et sa manière
D'agir et de parler, j'en rirai la première;
Mais tel qui rit de lui, serait, à mon avis,
Heureux de devenir ridicule à ce prix.

M. DELAVAL (*l'observant.*)
Mais, mais tu le défends avec un zèle extrême.   675

URSULE (*vivement.*)
Non, je lui rends justice.

M. DELAVAL (*après un silence, pendant lequel Ursule est embarrassée.*)
On soupçonne qu'il aime.

URSULE.
Lui?

M. DELAVAL (*en confidence.*)
De haïr le monde on dit que sûrement
Son cœur a, depuis peu, violé le serment.

URSULE.
Pour captiver les cœurs si le ciel m'avait faite,
J'ambitionnerais une telle conquête. 680
Mon courage naîtrait de sa difficulté.
Sans doute, si l'amour permet la vanité,
Si la séduction peut n'être point un crime,
C'est lorsqu'on cherche à vaincre un objet qu'on estime.
Un fat a, pour l'instant, l'art de nous amuser; 685
Le mérite à celui de nous intéresser.
Tout, au premier abord, révolte chez Alceste;
Mais bientôt sa vertu fait oublier le reste.
On le plaint, et le cœur forcé de l'estimer,
Avec étonnement, sent qu'il voudrait l'aimer. 690

M. DELAVAL.
Et Blonzac?

URSULE.
Et Blonzac?... vous l'estimez, mon père.
A ce titre-là seul, son amitié m'est chère.
Il m'intéresse; mais quand Alceste paraît,
J'éprouve, je l'avoue, un tout autre intérêt;
Et...

M. DELAVAL.
Le voici.

URSULE (*troublée.*)
Je sors.

SCENE II
ALCESTE, M. DELAVAL, URSULE.

ALCESTE (*arrêtant Ursule.*)
     Non, demeurez, de grâce!   695
Vous m'évitez?

URSULE.
   Monsieur...

ALCESTE.
     Oui, c'est moi qui vous chasse,
Et vous vous enfuyez de crainte de me voir.

URSULE (*à M. Delaval.*)
Mon père, retenons monsieur jusqu'à ce soir.
  (*à Alceste.*)
Je reviens à l'instant.
  (*Elle s'éloigne.*).

ALCESTE (*la suivant des yeux.*)
     Quel charme! la traîtresse!

SCENE III
ALCESTE, M. DELAVAL.

M. DELAVAL (*à part.*)
Il soupire. Tant mieux; (*haut.*) Encor de la tristesse?   700

ALCESTE (*avec épanchement.*)
Ma foi j'en ai sujet. Mon voisin je vous vois
Peut-être en ce moment pour la dernière fois.

M. DELAVAL.
Mais quel événement...?[92]

ALCESTE.
     Il faut que je me cache.
De ces lieux, de vos bras il faut que je m'arrache.

---
[92] My punctuation; the original just gives a question mark.

Moi-même je me crains et je voudrais me fuir; 705
Je crains ce lâche cœur qui me force à rougir:
A mon âge,[93] jugez combien il m'humilie!
J'aime!

M. DELAVAL.
      L'amour, mon cher, est une maladie
Qui, malgré nous, répand encor de temps en temps,
Une douce chaleur sur l'hiver de nos ans. 710
Son atteinte est alors moins vive et moins cruelle.
Le vieillard qui s'en plaint, est rajeuni par elle.
La jeunesse s'y livre et se plaît à souffrir;
L'âge mûr souffre encore et tremble de guérir.

ALCESTE.
Morbleu! ce n'est pas là ce que je veux apprendre; 715
Et vous me trahissez au lieu de me défendre.
Combattez mon amour et ne le flattez pas.
Montrez-moi sa laideur, cachez-moi ses appas.
Par grâce, par pitié, si je vous intéresse,
De ce cœur avili gourmandez[94] la faiblesse. 720
Armez-vous contre lui d'une austère rigueur;
Arrachez de mes yeux le bandeau de l'erreur.
Au nom de l'amitié! sauvez-moi de moi-même,
Dussé-je vous haïr... Et voilà comme on aime.

M. DELAVAL.
Mais encore quel est l'objet de votre amour? 725

ALCESTE (*brusquement*.)
Ursule.

M. DELAVAL.
      Quoi! ma fille?

ALCESTE.
             Oui, j'ai de jour en jour
Différé le moment d'avouer ma défaite;

---

[93] Marmontel had specified Alceste's age as forty (p. 59). Demoustier gives no precise age, but nonetheless implies that it is problematic for Alceste.
[94] *Gourmander*: 'réprimander avec dureté, avec des paroles rudes et impérieuses' (*AF* 1798).

J'ai souffert plus longtemps. Au fond de ma retraite,
Je croyais l'éviter, mais elle m'y suivait.
Sans cesse, auprès de moi mon cœur la retrouvait.   730
Rêvant à ses vertus, enivré de ses charmes,
Je sentais dans mes yeux souvent rouler des larmes.
Dans les transports ardents qui venaient me saisir,
Je la nommais: son nom me faisait tressaillir!
Absent, j'étais encore aux pieds de la cruelle,   735
Et je ne la fuyais que pour m'occuper d'elle.[95]

M. DELAVAL (*gaiement.*)
Et vous me choisissez pour votre confident?
Moi!

ALCESTE (*avec bonhomie.*)
    Vous.

M. DELAVAL.
       Le rôle est neuf; je l'accepte pourtant.

ALCESTE.
Faites-moi réussir.

M. DELAVAL.
           En vous servant j'espère
Être tout-à-la fois ami tendre et bon père.   740
Ça parlons.[96]

ALCESTE.
      Volontiers.

M. DELAVAL.
         Êtes-vous aimé?

ALCESTE.
              Non.

M. DELAVAL.
Avez-vous dit un mot de déclaration?

---

[95] Alceste's paradoxical chiasmus echoes various tragic formulations, not least Hippolyte's famous 'Présente, je vous fuis, absente, je vous trouve' (Racine, *Phèdre*, II. 2. 542).
[96] My punctuation; the original gives a colon.

ALCESTE.
Non.

M. DELAVAL.
    Mais vous soupirez?

ALCESTE.
                Point.

M. DELAVAL.
                        Vous cherchez à plaire?
ALCESTE.
Je ne saurais...

M. DELAVAL.
    Quoi?...

ALCESTE.
           Non, je suis franc et sincère;
Je n'ai point le babil de nos jeunes amans.   745
J'aime. Eh bien! si je veux peindre mes sentiments,
Je demeure interdit, je tremble, je soupire,
Et quand j'ai soupiré, je n'ai plus rien à dire.[97]

M. DELAVAL.
Quand on est amoureux, mon voisin, je conçoi...

ALCESTE (*brusquement*.)
Je ne sais quel démon s'est emparé de moi!   750
Moi, l'ennemi juré de la nature humaine,
Je sens-là, dans mon cœur, presque expirer la haine.
J'aime!... mais en effet, aimerais-je?[98] Grands dieux!
Quel charme, quel prestige ont fasciné mes yeux?
Ursule a-t-elle seule opéré ce prodige?   755
A qui me plaindre? où fuir?

---

[97] Oddly, for someone who claims to be 'franc et sincère' (III. 3. 744), Alceste has just claimed not to sigh (III. 3. 743). The only plausible explanation for this self-contradiction seems to be that he is making a distinction between sighing as a rhetorical strategy that forms part of the 'babil de nos jeunes amants' and genuinely sighing out of deep passion.

[98] The original gives 'aimerai-je'; I correct in line with the 1804 edition. Such conditional constructions are not uncommon in early modern theatre, particularly when characters are confronted with the unwelcome reality of their own predicament; cf. Athalie's 'Je serais sensible à la pitié?' (Racine, *Athalie*, II. 7. 654) or, in a comic vein, Arnolphe's 'Moi, je serois cocu?' (Molière, *L'École des femmes*, IV. 8, 1312).

M. DELAVAL.
                    Le mal qui vous afflige
Doit faire, croyez-moi, votre bonheur un jour.
Comparez quelque temps la haine avec l'amour;
Votre cœur sur le choix ne balancera guère:
Il est si doux d'aimer!

ALCESTE (*ému.*)
                    Eh bien! que faut-il faire?   760

M. DELAVAL.
Il faut vous dépouiller de vos préventions,
Et voir tous les objets tels que nous les voyons;
Louer le bien, laisser le mal dans le silence;
Pour les femmes surtout avoir de l'indulgence.[99]
Songez que, pour cacher leur faiblesses au jour,   765
Elles ont inventé le bandeau de l'Amour.[100]
Vous l'avez sur les yeux. Complaisant auprès d'elles,
Des grâces, des vertus, voyez-y les modèles;
Livrez-vous aux erreurs de cet enchantement,
Et rendez grâce au ciel de votre aveuglement.   770
Déridez-vous. Prenez un sourire agréable.
Vous voulez qu'on vous aime enfin: soyez aimable.

ALCESTE.
Je n'en ai pas l'esprit.[101] Si vous vouliez m'aider?

M. DELAVAL (*gaiement.*)
En quoi?

ALCESTE.
        De vos avis daignez me seconder.

M. DELAVAL (*l'emmenant.*)
Venez. Dans l'art de plaire, amour est un grand maître;[102]   775

---

[99] In Molière's play, Alceste had insisted on remaining aware de Célimène's various flaws, and was indeed intent on correcting them: 'Non, l'amour que je sens pour cette jeune Veuve | Ne ferme point mes yeux aux défauts qu'on lui treuve' (I. 1. 225–26). In contrast, Éliante had argued that lovers typically overlook or re-evaluate their beloved's possible flaws (II. 4. 711–30).

[100] See above, note 44.

[101] Alceste's attitude towards Ursule utterly inverts the confidence with which he had initially approached Célimène: 'Je ne l'aimerais pas, si je ne croyais l'être' (I. 1. 237).

[102] A traditional commonplace, occurring in, for example, Corneille's *La Suite du Menteur*

Sous lui l'on est aimable aussitôt qu'on veut l'être.
    (*Montrant Ursule qui paraît avec précaution.*)
Voici l'occasion.

ALCESTE (*troublé.*)
                Quoi! sitôt!... Sauvons-nous.
    (*Ils sortent.*)

SCENE IV.
URSULE, LE VIEILLARD *pauvre*.

URSULE.
Entrez, brave homme, entrez.

LE VIEILLARD (*hésitant.*)
                      Je crains...

URSULE.
                          Rassurez-vous.

LE VIEILLARD.
Mademoiselle...

URSULE (*lui offrant un siège.*)
        Eh bien?

LE VIEILLARD.
                Votre bonté m'accable.
L'état d'un malheureux...

URSULE (*s'asseyant près de lui.*)
                    Est toujours respectable.   780
Que vous m'intéressez! perdre ainsi tour-à-tour
Tous vos biens!...

(II. 3. 586) and Molière's *L'École des femmes* (III. 4. 900). Although one might expect 'amour' to be capitalized — to allude to Amour (Amor or Eros), the classical god of love — or given the definite article, neither edition of the play does so; this practice perhaps reflects quite how idiomatic the phrase had become.

LE VIEILLARD.
>Ah! c'est peu; mais celle dont l'amour,
Celle dont la vertu m'attachait à la vie.

URSULE,
>*(Avec attendrissement.)*
C'est là le plus cruel!...
>*(avec intérêt.)*
>>Poursuivez je vous prie.

LE VIEILLARD.
Après ce dernier coup, sans espoir, sans secours, 785
Embrassant mes enfants et tremblant pour leurs jours,
Les baignant tour-à-tour, dans ma douleur amère,
Des pleurs que je versais en songeant à leur mère,
Je suis venu chercher, dans ces paisibles lieux,
Un asile où le ciel daigne veiller sur eux. 790
De monsieur Delaval la sage bienfaisance,
Par d'utiles travaux soulage l'indigence.[103]
Je connais ces travaux, j'y voulus être admis;
J'y destinais ma fille et l'aîné de mes fils.
Je me suis présenté chez le seigneur Alceste. 795

URSULE *(avec joie.)*
Ah! vous avez bien fait.

LE VIEILLARD *(tristement.)*
>Hélas! mon sort funeste
Sans doute avec fureur me poursuit aujourd'hui:
Alceste, durement, m'a chassé de chez lui.

URSULE *(douloureusement.)*
Alceste!

LE VIEILLARD.
>Et sans m'entendre.

URSULE.
>>Hélas! est-il possible?

---

[103] Demoustier discreetly integrates the 'atelier', which so intrigues Alceste at the start of Marmontel's tale, into his plot.

Vous me percez le cœur!

LE VIEILLARD
       Du coup le plus sensible 800
Il a percé le mien: je fuyais; à l'instant,
Son valet suit mes pas, m'appelle et m'arrêtant,
'Tenez, voici', dit-il, 'sa bourse qu'il vous donne'.
'A votre maître allez reporter son aumône,'
Lui dis-je: 'je venais, malgré ma pauvreté, 805
Demander un service et non la charité.'[104]
Grands dieux! et c'est ainsi que l'orgueil nous accable!
Hélas! un malheureux est donc bien méprisable!

SCENE V.
URSULE, LE VIEILLARD, ALCESTE.

ALCESTE (*en entrant.*)
  (*Voyant Ursule.*)
Ah, la voici...
  (*Voyant le Vieillard.*)
     Que-vois-je?... Écoutons.[105]

URSULE (*au Vieillard.*)
       Connaissez
Celui qu'injustement ici vous accusez: 810
A la contagion, son âme inaccessible;
Est aux défauts d'autrui, peut-être trop sensible.
Les hommes l'ont trompé,[106] son cœur est devenu
Sans doute un peu farouche à force de vertu.
  (*vivement.*)
Mais il fait des heureux... il est digne de l'être; 815
Vous l'aimerez. Je veux vous le faire connaître.
Il est tendre... un peu vif... Je sais que ce matin

---

[104] See I. 9. 319-20. Ironically, the old man here interprets Alceste's offer of money as a sign of 'orgueil', just as Alceste had done with his rejection of the money (I. 9. 321).
[105] Towards the end of Molière's play, Alceste likewise eavesdrops on Célimène in order to find out what she has to say about him (see v. 1-2). This time, however, Ursule's words are positive and usher in the happy ending.
[106] This is one of the most explicit examples of an idea that recurs at various points throughout the play — namely, that Alceste's misanthropy is not an inherent character trait but rather the result of some previous disappointment or deception.

Quand vous fûtes le voir il avait du chagrin...
Enfin pardonnez lui; l'amitié vous en prie.[107]

LE VIEILLARD.
Ah! comment condamner ceux qu'elle justifie! 820

ALCESTE (*s'avançant avec vivacité.*)
Eh bien! faisons la paix. Oubliez mon humeur.
   (*Montrant Ursule.*)
Je suis brusque, mais bon. Elle connaît mon cœur.
Acceptez ce présent. Sans ma fureur extrême,
J'aurais couru d'abord pour vous l'offrir moi-même;
Mais j'étais!... pardonnez; voilà comme je suis. 825
Enfin n'en parlons plus... Prenez.

LE VIEILLARD.
      Je ne le puis,
Monsieur...

ALCESTE.
    Prenez... Quoi! quoi! quand je vous en presse?
Un présent blesse-t-il votre délicatesse?

LE VIEILLARD (*avec dignité.*)
Non pas, mais je ferais un vol aux malheureux,
Si j'acceptais un don qui n'est fait que pour eux. 830
Vous n'avez pas, monsieur, entendu ma prière:
Je puis par le travail adoucir ma misère;
Et pour en obtenir, je venais aujourd'hui
Chez monsieur Delaval implorer votre appui.

ALCESTE.
Certes! vous l'aurez; mais le droit de l'opulence, 835
Son bonheur est d'aider l'honorable indigence,
De l'accabler de bien. Pourquoi me privez-vous
Du droit le plus sacré, du plaisir le plus doux?
Cessez de me punir, et par pitié, par grâce,
Acceptez...

---

[107] Ursule's gently broken speech reflects her firm but tender affection for Alceste.

LE VIEILLARD.
>Excusez...

ALCESTE.
>Que faut-il que je fasse 840
Pour vous fléchir? faut-il me mettre à vos genoux?

LE VIEILLARD (*l'arrêtant.*)
Que faites-vous, monsieur!

URSULE (*à part.*)
>Quelle âme!

ALCESTE.
>Unissons-nous,
Parlez pour moi.

URSULE (*au Vieillard.*)
>Cédez.

LE VIEILLARD (*hésitant, mais attendri.*)
>Vous m'arrachez des larmes.

ALCESTE (*montrant Ursule.*)
Elle a parlé, mon cher; il faut rendre les armes.

LE VIEILLARD (*acceptant.*)
Ah! par quels sentiments puis je acquitter jamais, 845
Le prix que la noblesse ajoute à vos bienfaits!

ALCESTE.
Aimez-moi.

LE VIEILLARD (*lui prenant la main.*)
>Ah! monsieur.

URSULE.
>Ma surprise est extrême;
Alceste, est-ce bien vous qui voulez qu'on vous aime?[108]

---

[108] My punctuation; the original has a full stop.

ALCESTE (*moitié à part.*)
Vous m'avez trop appris à sentir ce besoin.

URSULE (*à part.*)
Mais... mais, aimerait-il?...[109]
ALCESTE (*au vieillard.*)
      Oui, je veux prendre soin   850
De vous, de vos enfants. Revenez, et j'espère
Dans une heure, au plus tard, terminer votre affaire.

URSULE.
Comptez aussi sur moi.

SCENE VI.
URSULE, ALCESTE.

ALCESTE.
      Je conçois qu'à vos yeux,
Je dois en ce moment être bien odieux;
Mais n'attribuez pas à mon cœur, je vous prie,   855
Les funestes écarts de ma bizarrerie.
Sachez qu'auprès de vous il n'eut jamais aimé,
Si les mêmes vertus ne l'avoient animé.
Ah! si de vos appas mes maux étaient l'ouvrage,
Je verrais avec eux finir mon esclavage;   860
La beauté passe, mais votre âme a des attraits
Dont le solide éclat ne passera jamais.
Ainsi je ne vois point de terme à ma souffrance.
Malgré vous, malgré moi, j'aime sans espérance,
D'apaiser les ardeurs dont je suis consumé,   865
De rompre mes liens, et surtout d'être aimé.

URSULE.
Vous me parlez, Alceste, une langue étrangère,
Ce langage sied mal à votre caractère;
Laissons-là, croyez-moi, le style des amants.
Nous n'y connaissons rien; ainsi...

---

[109] My punctuation; the original has '!...'.

ALCESTE (*avec dépit.*)
                              Je vous entends.   870
Pour exclure un amant moins aimable que tendre,
Perfide, votre cœur feint de ne pas l'entendre;
Et, par ménagement, cache sa cruauté
Sous le voile innocent de l'ingénuité:
Grands dieux! et vous aussi vous savez l'art de feindre, 875
Ursule!...

URSULE.
      De quoi donc avez-vous à vous plaindre?
Vous ai-je offensé?

ALCESTE (*avec ironie.*)
                  Non, il le faut avouer,
De vos bontés pour moi j'ai lieu de me louer;
Vos tendres sentiments[110] ont de quoi me confondre,
Et votre cœur au mien s'empresse de répondre...   880
Perfide! avec ces yeux, ce regard innocent,
Ce sourire ingénu, cet air intéressant,
De tromper mon amour auriez-vous bien l'audace?

URSULE.
Vous m'accusez. Eh bien, mettez-vous à ma place:
Que répondriez-vous?

ALCESTE.
            Ce que je répondrais?   885
Je ne vous aime pas, monsieur; je ne saurais.

URSULE.
Autrement...

ALCESTE.
        Autrement? je dirais: *Je vous aime.*

URSULE.
Mais...

ALCESTE.
    Oui.

---
[110] The original has a comma here, which I have omitted.

URSULE (*vivement.*)
                Des deux côtés vous donnez dans l'extrême,
Pour toute femme honnête il est un art heureux
D'adoucir ses refus ainsi que ses aveux.[111]   890

ALCESTE.
C'est par cet art cruel si chéri des coquettes,
Qu'on vous voit tous les jours étendre vos conquêtes,
Et que, nous amusant par mille espoirs flatteurs,
Vous grossissez la cour de vos adorateurs.[112]
On ne s'y méprend plus. Du talent de séduire,   895
Chacun sait les détails: à l'un c'est un sourire,
A l'autre un mot. Tantôt on a de la froideur,
Tantôt de l'enjouement et tantôt de l'humeur.
Résistons-nous? L'orgueil pour aggraver nos chaînes,
Appelle à son secours les vapeurs, les migraines,   900
Les nerfs... que sais-je!... et c'est à cet appas grossier
Que les hommes sont pris, et moi tout le premier.

URSULE.
Je ne connais point l'art d'apprêter un sourire.
Ma bouche dit toujours ce que mon cœur veut dire;
Et même en ce moment, si vous me connaissez,   905
Mon silence, monsieur, doit vous en dire assez.

ALCESTE (*avec transport.*)
Si je vous croyais!... Mais je m'abuse peut-être,
Oui, pour me croire aimé, je sais trop me connaître,
J'avais au sentiment renoncé sans retour;
Je vous vis. Près de vous, je retrouvai l'amour;   910
Ah! s'il eût[113] pu changer mon maudit caractère,
Mon âpreté sauvage et ma rudesse austère...
Mais moi-même j'ai beau vouloir me corriger,
Je retombe sans cesse et ne puis me changer.
Ursule, c'est à vous qu'appartient ce miracle.   915

---

[111] Placed in a comparable position, Célimène also insists on the difficulty for women to speak directly of their passion or lack of it: 'Et puisque notre Cœur fait un effort extrême, | Lorsqu'il peut se résoudre à confesser qu'il aime; | Puisque l'Honneur du Sexe, Ennemi de nos Feux, | S'oppose fortement à de pareils Aveux; | L'Amant qui voit, pour lui, franchir un tel obstacle | Doit-il impunément douter de cet Oracle?' (IV. 3. 1401–06).

[112] With his references to 'coquettes' and their 'courts' of suitors, Alceste seems to be projecting the most salient features of Célimène onto Ursule.

[113] My correction; the original gives 'eut'.

L'amour dans ses projets ne connaît point d'obstacle.
Servez-vous du pouvoir que vous tenez de lui.
Mon cœur entre vos mains s'abandonne aujourd'hui,
Combattez ses erreurs, courbez, s'il est possible,
De ses préventions, la raideur inflexible, 920
Et faites par degrés céder, en le formant,
La haine à l'amitié, l'aigreur au sentiment,
Pour m'aider à sortir de ma misanthropie,
Dirigez-moi: soyez mon conseil, mon amie,
Donnez-moi votre humeur et votre égalité, 925
Et ce vernis charmant de la société.
Daignez m'en rappeler le ton, les convenances,
Et de mon caractère adoucir les nuances.
Enfin apprenez-moi, vous qui savez charmer,
Le secret d'être aimable... ou de ne point aimer. 930

URSULE.
Vous le voulez...

ALCESTE.
        Daignez...

URSULE.
                Je vais donc vous instruire;
Mais vous me promettez de vous laisser conduire,
Et de vous conformer en tout à mes leçons?

ALCESTE.
Je vous le jure!

URSULE.
        Bien; en ce cas, commençons.

ALCESTE (*hésitant.*)
A l'instant?...

URSULE.
        Oui. D'abord il faudra d'un sourire 935
Accompagner toujours ce que vous voudrez dire.

ALCESTE.
Je ne pourrai jamais.

URSULE.
>Si; regardez-moi... bien!
Un air ouvert... pas mal. Un peu plus de maintien.

ALCESTE (*d'un air gêné.*)
Comment voulez-vous?...

URSULE.
>Là! vous êtes à merveille.
A tout ce qu'on dira vous prêterez l'oreille;   940
Vous approuverez tout...

ALCESTE (*l'interrompant.*)
>Quoi!

URSULE (*continuant.*)
>Si non, sans aigreur,
Vous direz votre avis...

ALCESTE.
>Soit.

URSULE.
>De votre air boudeur,
Il faudra vous défaire, et même à la satire
Vous prêter quelquefois.

ALCESTE (*vivement.*)
>Moi?

URSULE (*avec amitié et gaieté.*)
>Laissez-vous conduire.

ALCESTE (*avec impatience.*)
Allons...

URSULE.
>Il faut répondre aux plus minces propos;   945
Ainsi qu'aux ignorants, parler avec les sots.

ALCESTE.
Que leur dirai-je?[114]

---

[114] My punctuation; the original has an exclamation mark.

URSULE.
             On peut contre eux, en compagnie;
Prendre les intérêts du beau temps, de la pluie.
Surtout au maître, il faut que vous applaudissiez,
S'il vous caresse il faut que vous le caressiez.   950

ALCESTE (*avec contrainte.*)
Ah! c'est trop exiger.

URSULE (*insistant.*)
                  De plus, il faut encore
Taire ce que l'on sait, savoir ce que l'on ignore.

ALCESTE (*brusquement.*)
C'est-à-dire qu'il faut trahir la vérité,
Encenser la sottise et la fatuité,
Étudier à fond l'art de se contrefaire,   955
Et vingt fois chaque jour, changer de caractère.
S'il faut chez les humains cette mobilité,
Le ciel ne m'a point fait pour leur société.
Ainsi votre bonté ne sert qu'à me confondre.
Laissez un malheureux qui ne peut y répondre.   960

URSULE (*tendrement.*)
Ah! de vos préjugés, le plus cruel de tous
Est celui que votre âme a conçu contre vous.
Pourquoi vous voir d'un œil aussi défavorable,
Et que vous manque-t-il pour un homme aimable?
Vous vous trouvez, Alceste, à la fleur de vos ans.   965
Vous avez de l'esprit, du goût et des talents,
Un cœur fait pour aimer, une âme noble et pure.
Que demandez-vous donc encore à la nature?

ALCESTE.
Que vous connaissez bien le chemin de mon cœur;
Traîtresse! et par ces mots pleins d'art et de douceur,   970
Combien vous usurpez de pouvoir sur mon âme!
      (*Ici M. Delaval cherchant Ursule, s'arrête au fond du théâtre.*)

SCENE VII.
URSULE, ALCESTE, M. DELAVAL.

M. DELAVAL (*à part.*)
L'entretien paraît vif.
ALCESTE (*continuant.*)
       Si cependant, madame,
Grâces à vos leçons,
  (*à part.*)
      et grâces à l'amour,
Je faisais succéder, par un heureux retour,
Votre douceur, affable à mon humeur sauvage,   975
M'aimeriez-vous?

URSULE (*timidement.*)
     On dit qu'on aime son ouvrage,
Et vous seriez le mien.

ALCESTE (*avec transport.*)
      Quoi! sérieusement,
Vous pourriez!...
  (*Il aperçoit M. Delaval qui approche.*)
     Ah! monsieur, approuvez mon serment:
Je jure de la prendre en tout point pour modèle,
Et... d'être aimable enfin, si je suis aimé d'elle.   980

M. DELAVAL.
Je souscris à vos vœux et je m'en fais honneur;
Mais Ursule est, monsieur, maîtresse de son cœur.

ALCESTE (*à Ursule.*)
Prononcez donc!...

URSULE.
     S'il faut, monsieur, que je réponde,
Je désire un mari qui soit fait pour le monde,
Et dont l'humeur affable et l'amabilité,   985
Assurent mon repos et ma félicité.
Je veux avoir surtout part à son indulgence.
Chacun a ses défauts, et j'espère d'avance,
Qu'il daignera souvent me pardonner les miens,

Afin de m'engager à supporter les siens.[115] 990
Je consens que des champs il chérisse l'asile,
Mais je veux que l'hiver il retourne à la ville,
Au sein de ses amis.

ALCESTE.
                Oui, j'y retournerai.

URSULE.
Qu'il y soit doux, affable.

ALCESTE.
                Oh! je le deviendrai.

URSULE
Qu'il me suive partout, même à la comédie, 995
Au Misanthrope.[116]

ALCESTE.
        Soit.

URSULE.
            Je prétends qu'il y rie;

ALCESTE.
J'y ferai mes efforts.

URSULE.
            Qu'il vienne au bal.

ALCESTE.
                    J'irai.

URSULE.
J'exige qu'il y danse.

---

[115] This line echoes and loosely reworks the closing 'moral' of Marmontel's tale and its stress on mutual tolerance of each other's flaws.

[116] This glancing *mise-en-abyme* — and Alceste's determination to laugh at the play (line 997) — symbolically marks his resolve definitively to abandon his misanthropic identity. In *Le Misanthrope*, Alceste had professed to welcome others' laughter at him as evidence that he was in the right; now he is finally able to laugh at his earlier self as a sign of his newfound sociability.

ALCESTE (*avec effort.*)[117]
                Allons!... j'y danserai.

M. DELAVAL.
Eh bien? ma fille.

URSULE (*avec embarras.*)
                Eh bien, mon père... (*bas.*) la décence
Doit donner au désir l'air de l'obéissance: 1000
Ordonnez.

M. DELAVAL.
        Mon enfant, il faut faire un heureux;
Tu rougis? donnez-moi votre main tous les deux.
        (*Il les unit.*)

URSULE.
Puissé-je vous convaincre, Alceste, par vous-même,
Que l'homme n'est heureux que par l'objet qu'il aime.

ALCESTE (*avec transport.*)
        (*à M. Delaval.*)
Je l'éprouve déjà. Mon ami prenez part   1005
A mon bonheur. (*à Ursule.*) Et vous!...
        (*Il lui baise la main, Blonzac paraît.*)

SCENE VIII, ET DERNIÈRE.
M. DELAVAL, URSULE, ALCESTE, BLONZAC.
(*) (*Le vieillard paraît au fond du théâtre.*)

BLONZAC (*en entrant.*)
                Ah! j'arrive un peu tard.
J'espérais bien ici jouer le premier rôle.[118]
Je n'ai que le second... allons, je m'en console,

(*) Aux représentations le vieillard ne paraît plus.

---
[117] In Marmontel's tale, this is the moment at which Alceste throws himself at Ursule's feet. Perhaps still smarting from his earlier moment of kneeling before Ursule in act II, Demoustier's normally more demonstrative Alceste remains quite reticent at this point. By stressing his constraint and discomfort in this scene, Demoustier reminds his audience that his reconciliation with society, however sincere, will take some time.

[118] Like the reference to *Le Misanthrope* earlier and Alceste's awkward performances of polite behaviour, Blonzac's theatrical analogy here helps to end the play on a comically metatheatrical note.

(*à Alceste.*)
Et suis trop votre ami pour en être jaloux.
Je vous cède mes droits, mon cher; embrassons-nous.   1010

ALCESTE (*reculant.*)
Mais ce compliment-là, monsieur, est-il sincère?

BLONZAC.
Doutez-vous!...

URSULE (*bas à Alceste.*)
    Embrassez toujours.

ALCESTE (*bas à Ursule.*)
        C'est pour vous plaire.

URSULE (*avec amitié.*)
Obéissez.
  (*Ils s'embrassent.*)

BLONZAC.
    Eh donc, vous voilà comme moi,
Changé du blanc au noir. Faisons la paix: ma foi
Convenez que l'humeur de la misanthropie   1015
Ne peut tenir longtemps contre femme jolie,
Ni contre les honneurs d'un bon gouvernement.

ALCESTE (*avec fermeté.*)
Oui, je m'étais trompé. Je conviens franchement,
Que souvent l'intérêt est père de la haine,
Mais que vers l'amitié la raison nous ramène;   1020
Que, si l'homme n'est point parfait, chaque défaut
Doit être vu chez lui comme un ombre au tableau;
Qu'il n'a pas été fait pour haïr son semblable,
Que l'amour rend heureux, la haine misérable,
Qu'il faut aimer enfin; et je me fais honneur,   1025
Puisque j'ouvre les yeux, d'avouer mon erreur. (*)
  (*à Blonzac.*)
Aimons-nous à jamais,
  (*à M. Delaval.*)
      vous, vous et votre fille...

(*) Les comédiens finissent par ce vers, et je crois qu'ils ont raison.

(*Apercevant le vieillard.*)
Approchez, bon vieillard, soyez de la famille.
   (*Il le leur présente.*)
Dévoués aux vertus de la société,
Mes amis, exerçons d'abord l'humanité, 1030
Vengeons la probité des coups de l'indigence.

LE VIEILLARD (*à Alceste.*)
Comment puis-je acquitter!...

ALCESTE (*prenant la main d'Ursule.*)
            Voici ma récompense.

FIN.

BIBLIOGRAPHY

Primary Sources

D'ALEMBERT, JEAN LE ROND, *Lettre de M. d'Alembert à M. J. J. Rousseau, sur l'article Genève...* (Paris: Chatelain, 1759)
BRUNET, JACQUES-CHARLES, *Manuel du libraire et de l'amateur de livres*, 3 vols (Paris: Crapelet, 1820)
CASTAING, JEAN, *Le Misanthrope corrigé*, in *Théâtre de Castaing*, 3 vols (Alençon: [n. pub.], 1791–92), II
CHAMFORT, SÉBASTIEN-ROCH-NICOLAS, dit, *Maximes, pensées, caractères et anecdotes* (London: Deboffe and Baylis, 1796)
CORNEILLE, PIERRE, *Œuvres completes*, ed. by Georges Couton (Paris: Gallimard, 1984–87), 3 vols
COURTELINE, GEORGES, *La Conversion d'Alceste*, in *Théâtre* (Paris: Garnier-Flammarion, 1965), pp. 172–99
DANCOURT, LOUIS HEURTEAUX, dit, *L.-H. Dancourt, Arlequin de Berlin, à M. J. J. Rousseau, citoyen de Geneve* (Berlin and Amsterdam: [n. pub.], 1759)
DAUBIAN, 'le citoyen', *Le Misanthrope travesti* (Castres: Rodière, 1797)
DELISLE DE LA DREVETIÈRE, LOUIS-FRANÇOIS, *Timon le misanthrope* (Paris: Briasson, 1732)
DIDEROT, DENIS, *Le Fils naturel, ou les épreuves de la vertu*, in *Le Fils naturel — Le Père de famille — Est-il bon? Est-il méchant?*, ed. by Jean Goldzink (Paris: Flammarion, 2005), pp. 39–106
——, and JEAN LE ROND D'ALEMBERT, eds, *Encyclopédie, ou dictionnaire raisonné des sciences, des arts et des métiers*, 17 vols (Paris: Briasson, 1751–65)
L'Esprit des journaux français et étrangers, 2 (February 1791)
FABRE D'ÉGLANTINE, PHILIPPE-FRANÇOIS-NAZAIRE, *Le Philinte de Molière*, ed. by Judith K. Proud (Exeter: University of Exeter Press, 1995)
FOSSARD, A.-J., *Le Misanthrope et les Philintes* (Paris: Didot, 1832)
GRIMM, FRIEDRICH MELCHIOR, ed., *Correspondance littéraire*, 5 vols (Paris, 1813)
——, *Correspondance littéraire*, 16 vols (Paris: Garnier, 1877–86)
HIPPEAU, PAUL, *La Revanche d'Alceste* (Paris: Stock, 1903)
IVES, DAVIS, *The School for Lies: a Play Adapted from Molière's 'Le Misanthrope'* (Evanston, IL: Northwestern University Press, 2012)
JOLIET, CHARLES, *Le Mariage d'Alceste, comédie pastiche* (Paris: Jouaust, Librairie des Bibliophiles, 1874)
LABARRAQUE-REYSSAC, CLAUDE, *Célimène ou le retour d'Alceste* (Paris: Debresse, 1956)
LA ROCHEFOUCAULD, FRANÇOIS, DUC DE, *Réflexions diverses et maximes morales*, ed. by Jacques Truchet (Paris: Garnier-Flammarion, 1977)
LAVAL, P. A., *Lettre à M. J. J. Rousseau, citoyen de Genève: sur les raisons qu'il expose pour refuter M. d'Alembert...* (The Hague: [n. pub.], 1758)
MARMONTEL, JEAN-FRANÇOIS, *Apologie du théatre, ou analyse de la Lettre de Mr.*

Rousseau, Citoyen de Geneve, à Mr. d'Alembert, au sujet des Spectacles, in *Contes moraux par Mr. Marmontel, suivis d'une Apologie du Théâtre* (Amsterdam: Compagnie, 1756), ii, pp. 171–316

——, *Apologie du théâtre*, in *Contes moraux, par M. Marmontel, suivis d'une Apologie du théâtre*, 2 vols (Paris: Lesclapart le jeune, 1761), pp. 171–316

——, *Contes moraux, par M. Marmontel de l'Académie française*, 3 vols (Paris: La Harpe, 1765)

MOLIÈRE, JEAN-BAPTISTE POQUELIN, dit, *Œuvres complètes*, ed. by Georges Forestier, Claude Bourqui, and others, 2 vols (Paris: Pléiade, 2010)

PLATO, *Phaedo*, in *Euthyphro, Apology, Crito, Phaedo, Phaedrus*, transl. and ed. by Harold North Fowler (London: Heinemann; Cambridge, MA: Harvard University Press, 1966), pp. 201–405

RACINE, JEAN, *Œuvres complètes*, ed. by Georges Forestier (Paris: Gallimard, 1999)

RAMPAL, JACQUES, *Célimène et le cardinal, comédie en vers* (Paris: Librairie Théâtrale, 1993)

REGNARD, JEAN-FRANÇOIS, *Démocrite*, ed. by Joseph Harris, in Jean-François Regnard, in *Théâtre français*, ed. by Sabine Chaouche and others, 3 vols (Paris: Garnier, 2015), II, 15–139

ROUSSEAU, JEAN-JACQUES, *Œuvres complètes*, 5 vols, ed. by Bernard Gagnebin and others (Paris: Gallimard, 1959–95)

VEBERN, PIERRE, *Alceste régénéré*, in *Revue blanche* 8 (May 1892)

WYCHERLEY, WILLIAM, *The Plain Dealer*, ed. by James L. Smith (London: Benn; New York: Norton, 1979)

XIMÉNÈS, AUGUSTE-LOUIS, MARQUIS DE, *Lettre à M. Rousseau sur l'effet moral des théâtres* (Paris: [n. pub.], 1758)

ZIMMERMANN, JOHANN GEORG, *Über die Einsamkeit*, 4 vols (Leipzig, 1784)

Secondary Sources

ASTBURY, KATHERINE, 'Marmontel, éditeur du *Mercure de France*, et ses contes moraux', in *Marmontel: une rhétorique de l'apaisement*, ed. by Jacques Wagner (Louvain and Dudley, MA: Peeters, 2003), pp. 165–74

——, 'Les Philosophes et la Révolution française dans les contes moraux de Marmontel', in *Le Philosophe romanesque: l'image du philosophe dans le roman des Lumières*, ed. by Florence Lotterie and Pierre Hartmann (Strasbourg: Presses Universitaires de Strasbourg, 2007), pp. 243–51

BÉRARD, SUZANNE J., *Le Théâtre révolutionnaire de 1789 à 1794: la déchristianisation sur les planches* (Nanterre: Presses Universitaires de Paris Ouest, 2009)

BERNARDI, BRUNO, 'Rousseau et Molière, théâtre et philosophie: description d'un chassé-croisé', in *Rousseau, politique et esthétique: sur la 'Lettre à d'Alembert'*, ed. by Blaise Bachofen and Bruno Bernardi (Lyon: ENS Éditions, 2011), pp. 163–81

BRENNER, CLARENCE D., 'Dramatizations of French Short Stories in the Eighteenth Century: With Special Reference to the *Contes* of La Fontaine, Marmontel, and Voltaire', *University of California Publications in Modern Philology*, 33.1 (1947), 1–34

CARDY, MICHAEL, 'Rousseau's "irréconciliable ennemi", Marmontel', *SVEC* 87 (1972), 217–34

———, *The Literary Doctrines of Jean-François Marmontel*, SVEC 210 (1982)

CARLSON, MARVIN, *The Theatre of the French Revolution* (Ithaca, NY: Cornell University Press, 1966)

CARMICHAEL, THOMAS, ' "After the Fact": Marx, the Sequel, Postmodernism, and John Barth's *LETTERS*', in *Part Two: Reflections on the Sequel*, ed. by Paul Budra and Betty A. Schellenberg (Toronto and Buffalo: University of Toronto Press, [*c*.1998]), pp. 174–88

Charles-Albert Demoustier. Sa vie et ses œuvres, Bulletin de la Société archéologique, historique et scientifique de Soissons, 2nd ser., 18.2 (1887)

CUSSAC, HÉLÈNE, 'La Retraite: Marmontel entre Pascal, Rousseau et Mercier', in *Jean-François Marmontel: un intellectuel exemplaire au siècle des Lumières*, ed. by Jacques Wagner (Tulle: Mille Sources, 2003), pp. 195–214

ESCOLA, MARC, 'Rousseau juge d'Alceste: généalogie d'un malentendu', in *Le Malentendu*, ed. by Bruno Clément and Marc Escola (Vincennes: Presses Universitaires de Vincennes, 2003), pp. 147–78

FEILLA, CECILIA, *The Sentimental Theater of the French Revolution* (Burlington: Ashgate, 2013)

FELLOWS, OTIS, 'Molière à la fin du siècle des Lumières', in *Age of Enlightenment: Studies Presented to Theodore Besterman*, ed. by W. H. Barber and others (Edinburgh: University Court of the University of St. Andrews, 1967), pp. 330–49

FOURGNAUD, MAGALI, *Le Conte à visée morale et philosophique* (Paris: Garnier, 2016)

GIBSON, ANDREW, *Misanthropy: the Critique of Humanity* (London: Bloomsbury, 2017)

GRIEDER, JOSEPHINE, 'Marmontel's Prose Fiction on the English Stage', *Enlightenment Essays*, 4 (Spring 1973), 46–59

HARRIS, JOSEPH, 'Misanthropic Identifications: Rousseau Reads *Le Misanthrope*', in *Renouveau et renouvellement moliéresques: reprises contemporaines/Molière Re-Envisioned: Twenty-First Century Retakes*, ed. by Mary Jo Muratore (Paris, Hermann, 2019), pp. 527–54

HOFFMAN, PAUL, 'D'Alembert et Marmontel, lecteurs de la *Lettre à d'Alembert sur les spectacles*', *Travaux de linguistique et de littérature*, 14:2 (1976), 71–77

LE SENNE, C. 'Un Philinte du XVIIIe siècle: le *Misanthrope Corrigé* de Marmontel', *Figures disparues* (Paris: Rosier, 1913), pp. 51–76

MASLAN, SUSAN, *Revolutionary Acts: Theater, Democracy, and the French Revolution* (Baltimore: Johns Hopkins University Press, 2005)

MAUZI, ROBERT, *L'Idée du bonheur dans la littérature et la pensée françaises au XVIIIe siècle* (Paris: Colin, 1967)

MAZAHERI, JOHN HOMAYOUN, 'Marmontel et le mythe du classique', *Papers on French Seventeenth-Century Literature*, 24:46 (1997), 157–62

MENIN, MARCO, 'An Enlightenment Misanthropology: Rousseau and Marmontel, Readers of Molière', *The Eighteenth Century*, 58.2 (Summer 2017), pp. 157–76

NAKAGAWA, HISAYASU, 'Rousseau et Marmontel: l'antagonisme de deux philosophes à travers la *Lettre sur les spectacles* et *L'Apologie du théâtre*', *Études de langue et de littérature françaises*, 62 (March 1993), 3–15

PRESTON, THOMAS R., *Not in Timon's Manner: Feeling, Misanthropy, and Satire* in *Eighteenth-Century England* (University of Alabama: University of Alabama Press, 1975)

POIRSON, MARTIAL, ed., *Le Théâtre sous la Révolution: politique du répertoire (1789–1799)* (Paris: Éditions Desjonquères, [c.2008])

——, ed., *Ombres de Molière: naissance d'un mythe littéraire à travers ses avatars du XVIIe siècle à nos jours* (Paris: Colin, 2012)

RENWICK, JOHN, *Jean-François Marmontel: dix études* (Paris: Champion, 2001)

RODMELL, GRAHAM E., *French Drama of the Revolutionary Years* (London: Routledge, 1990)

SGARD, JEAN, 'Marmontel et la forme du conte moral', in *De l'Encyclopédie à la Contre-Révolution. Jean-François Marmontel (1723–1799)*, ed. by Jean Ehrard (Clermont-Ferrand: de Bussac, 1970), pp. 229–37

TISSIER, ANDRÉ, *Les Spectacles à Paris pendant la Révolution: répertoire analytique, chronologique et bibliographique*, 2 vols (Geneva: Droz, 1992–2002)

TOUDOIRE-SURLAPIERRE, FRÉDÉRIQUE, ed., *La Misanthropie au Théâtre: Ménandre, Shakespeare, Molière, Hoffmannsthal* (Paris: Presses Universitaires de France, 2007)

VIGOUROUX, MONIQUE, *Le Thème de la retraite et de la solitude chez quelques grands épistoliers du XVIIe siècle* (Paris: Nizet, 1972)

WELTMAN-ARON, BRIGITTE, '*Le Misanthrope* mis en tropes: Molière, Marmontel et Rousseau', *L'Esprit Créateur*, 36.1 (Spring 1996), 82–92

WOODRUFF, PAUL, 'Rousseau, Molière, and the Ethics of Laughter', *Philosophy and Literature*, 1.3 (Fall 1977), 325–36

ZANETTA, CLAIRE, 'Marmontel et Molière', in *De l'Encyclopédie à la Contre-Révolution: Marmontel*, ed. by Jean Ehrard (Clermont-Ferrand: de Bussac, 1970), pp. 105–16